はじめに

特許法等の一部を改正する法律（平成二十三年法律第六十三号）が六月八日に公布され、公布の日から起算して一年を超えない範囲内において政令で定める日から施行されます。

具体的には、①通常実施権等の対抗制度の見直し②冒認出願等に係る救済措置の整備③審決取消訴訟提起後の訂正審判の請求の禁止④再審の訴え等における主張の制限⑤審決の確定の範囲等に係る規定の整備⑥無効審判の確定審決の第三者効の廃止⑦料金の見直し⑧発明の新規性喪失の例外規定の見直し⑨出願人・特許権者の救済手続の見直し⑩商標権消滅後一年間の登録排除規定の廃止等を趣旨とする改正です。

不正競争防止法の一部を改正する法律（平成二十三年法律第六十二号）が六月八日に公布され、公布の日から起算して六月を超えない範囲内において政令で定める日から施行されます。具体的には、①技術的制限手段の効果を妨げることにより影像の視聴等を可能とする機能を有する装置等の譲渡等に係る措置の見直し②刑事訴訟手続における営業秘密の適切な保護に係る措置の見直し等を趣旨とする改正です。

民法等の一部を改正する法律（平成二十三年法律第六十一号）や民事訴訟法及び民事保全法の一部を改正する法律（平成二十三年法律第三十六号）、非訟事件手続法及び家事事件手続法の施行に伴う関係法律の整備等に関律（平成二十三年法律第五十三号）、情報処理の高度化等に対処するための刑法等の一部を改正する法律（平三年法律第七十四号）など、知的財産権に関する法律やそれを取り巻く法律も改正されております。

は、当該改正によりどのように変わるのかを一目で分かるよう、改正前と改正後を上下に並べて分かりやております。皆様の今回の改正の理解の一助となれば幸いです。

二十三年六月

社団法人発明協会

目次

特許法等の一部を改正する法律

（平成二十三年六月八日、法律第六十三号）

○特許法（第一条関係）

改正	現行
（願書に添付した明細書、特許請求の範囲又は図面の補正） 第一七条の二　（略） 2　（略） 3　第一項の規定により明細書、特許請求の範囲又は図面について補正をするときは、誤訳訂正書を提出してする場合を除き、願書に最初に添付した明細書、特許請求の範囲又は図面（第三十六条の二第二項の外国語書面出願にあつては、同条第六項の規定により明細書、特許請求の範囲及び図面とみなされた同条第二項に規定する外国語書面の翻訳文（誤訳訂正書を提出して明細書、特許請求の範囲又は図面について補正をした場合にあつては、翻訳文又は当該補正後の明細書、特許請求の範囲若しくは図面）。第三十四条の二第一項〔仮専用実施権〕及び第三十四条の三第一項〔仮通常実施権〕において同じ。）に記載した事項の範囲内においてしなければならない。 4　（略） 5　（略） 6　第百二十六条第七項〔訂正審判〕の規定は、前項第二号の場合に準用する。 （訂正に係る明細書、特許請求の範囲又は図面の補正） 第一七条の四　特許無効審判の被請求人は、第百三十四条第一項〔答弁書の提出〕若しくは第二項、第百三十四条の二第五項〔申立てない理由の審理〕、第百三十四条の三〔訂正の請求〕、第	（願書に添付した明細書、特許請求の範囲又は図面の補正） 第一七条の二　（略） 2　（略） 3　第一項の規定により明細書、特許請求の範囲又は図面について補正をするときは、誤訳訂正書を提出してする場合を除き、願書に最初に添付した明細書、特許請求の範囲又は図面（第三十六条の二第二項の外国語書面出願にあつては、同条第四項の規定により明細書、特許請求の範囲及び図面とみなされた同条第二項に規定する外国語書面の翻訳文（誤訳訂正書を提出して明細書、特許請求の範囲又は図面について補正をした場合にあつては、翻訳文又は当該補正後の明細書、特許請求の範囲若しくは図面）。第三十四条の二第一項〔仮専用実施権〕及び第三十四条の三第一項〔仮通常実施権〕において同じ。）に記載した事項の範囲内においてしなければならない。 4　（略） 5　（略） 6　第百二十六条第五項〔訂正審判〕の規定は、前項第二号の場合に準用する。 （訂正に係る明細書、特許請求の範囲又は図面の補正） 第一七条の四　特許無効審判の被請求人は、第百三十四条第一項〔答弁書の提出〕若しくは第二項、第百三十四条の二第三項〔申立てない理由の審理〕、第百三十四条の三第一項〔訂正の請求〕

百五十三条第二項（申立てない理由の審理）又は第百六十四条の二第二項（特許無効審判における特則）の規定により指定された期間内に限り、第百三十四条の二第一項の訂正の請求書に添付した訂正した明細書、特許請求の範囲又は図面について補正をすることができる。

2　訂正審判の請求人は、第百五十六条第一項（審理の終結の通知）の規定による通知がある前（同条第三項の規定による審理の再開がされた場合にあつては、その後更に同条第一項の規定による通知がある前）に限り、訂正審判の請求書に添付した訂正した明細書、特許請求の範囲又は図面について補正をすることができる。

（特許原簿への登録）

第二十七条　次に掲げる事項は、特許庁に備える特許原簿に登録する。

一　（略）

二　専用実施権の設定、保存、移転、変更、消滅又は処分の制限

三　特許権又は専用実施権を目的とする質権の設定、移転、変更、消滅又は処分の制限

四　仮専用実施権の設定、保存、移転、変更、消滅又は処分の制限

2　（略）

3　（略）

（特許証の交付）

第二十八条　特許庁長官は、特許権の設定の登録があつたとき、第七十四条第一項（特許権の移転の特例）の規定による請求に基

若しくは第二項又は第百五十三条第二項（申立てない理由の審理）の規定により指定された期間内に限り、第百三十四条の二第一項の訂正の請求書に添付した訂正した明細書、特許請求の範囲又は図面について補正をすることができる。

2　訂正審判の請求人は、第百五十六条第一項（審理の終結の通知）の規定による通知がある前（同条第二項の規定による審理の再開がされた場合にあつては、その後更に同条第一項の規定による通知がある前）に限り、訂正審判の請求書に添付した訂正した明細書、特許請求の範囲又は図面について補正をすることができる。

（特許原簿への登録）

第二十七条　次に掲げる事項は、特許庁に備える特許原簿に登録する。

一　（略）

二　専用実施権又は通常実施権の設定、保存、移転、変更、消滅又は処分の制限

三　特許権、専用実施権又は通常実施権を目的とする質権の設定、移転、変更、消滅又は処分の制限

四　仮専用実施権又は仮通常実施権の設定、保存、移転、変更、消滅又は処分の制限

2　（略）

3　（略）

（特許証の交付）

第二十八条　特許庁長官は、特許権の設定の登録があつたとき、又は願書に添付した明細書、特許請求の範囲若しくは図面の訂正

づく特許権の移転の登録があつたとき、又は願書に添付した明細書、特許請求の範囲若しくは図面の訂正をすべき旨の審決が確定した場合において、その登録があつたときは、特許権者に対し、特許証を交付する。

2 （略）

（発明の新規性の喪失の例外）

第三〇条 特許を受ける権利を有する者の意に反して第二十九条第一項各号のいずれかに該当するに至つた発明は、その該当するに至つた日から六月以内にその者がした特許出願に係る発明についての同条第一項及び第二項の規定の適用については、同条第一項各号のいずれかに該当するに至らなかつたものとみなす。

2 特許を受ける権利を有する者の行為に起因して第二十九条第一項各号のいずれかに該当するに至つた発明（発明、実用新案、意匠又は商標に関する公報に掲載されたことにより同項各号のいずれかに該当するに至つたものを除く。）も、その該当するに至つた日から六月以内にその者がした特許出願に係る発明についての同条第一項及び第二項の規定の適用については、前項と同様とする。

をすべき旨の審決が確定した場合において、その登録があつたときは、特許権者に対し、特許証を交付する。

2 （略）

（発明の新規性の喪失の例外）

第三〇条 特許を受ける権利を有する者が試験を行い、刊行物に発表し、電気通信回線を通じて発表し、又は特許庁長官が指定する学術団体が開催する研究集会において文書をもつて発表することにより、第二十九条第一項各号（特許の要件）の一に該当するに至つた発明は、その該当するに至つた日から六月以内にその者がした特許出願に係る発明についての同条第一項及び第二項の規定の適用については、同条第一項各号の一に該当するに至らなかつたものとみなす。

2 特許を受ける権利を有する者の意に反して第二十九条第一項各号の一に該当するに至つた発明も、その該当するに至つた日から六月以内にその者がした特許出願に係る発明についての同条第一項及び第二項の規定の適用については、前項と同様とする。

3 特許を受ける権利を有する者が政府若しくは地方公共団体（以下「政府等」という。）が開設する博覧会若しくは政府等以外の者が開設する博覧会であつて特許庁長官が指定するものに、パリ条約の同盟国若しくは世界貿易機関の加盟国の領域内でその政府等若しくはその許可を受けた者が開設する国際的な博覧会に、又はパリ条約の同盟国若しくは世界貿易機関の加盟国のいずれにも該当しない国の領域内でその政府等若しくはその許可を受けた者が開設する国際的な博覧会であつて特許庁長

3 前項の規定の適用を受けようとする者は、その旨を記載した書面を特許出願と同時に特許庁長官に提出し、かつ、第二十九条第一項各号のいずれかに該当するに至つた発明が前項の規定の適用を受けることができる発明であることを証明する書面を特許出願の日から三十日以内に特許庁長官に提出しなければならない。

（特許を受ける権利）

第三十四条　（略）

2 （略）

3 （略）

4 （略）

5 （略）

6 （略）

7 第三十九条第六項（先願の地位）及び第七項の規定は、第二項、第三項及び前項の場合に準用する。

（仮専用実施権）

第三十四条の二　（略）

2 （略）

3 （略）

4 （略）

5 （略）

官が指定するものに出品することにより、第二十九条第一項各号の一に該当するに至つた発明も、その該当するに至つた日から六月以内にその者がした特許出願に係る発明についての同条第一項及び第二項の規定の適用については、第一項と同様とする。

4 第一項又は前項の規定の適用を受けようとする者は、その旨を記載した書面を特許出願と同時に特許庁長官に提出し、かつ、第二十九条第一項各号の一に該当するに至つた発明が第一項又は前項の規定の適用を受けることができる発明であることを証明する書面を特許出願の日から三十日以内に特許庁長官に提出しなければならない。

（特許を受ける権利）

第三十四条　（略）

2 （略）

3 （略）

4 （略）

5 （略）

6 （略）

7 第三十九条第七項（先願の地位）及び第八項の規定は、第二項、第三項及び前項の場合に準用する。

（仮専用実施権）

第三十四条の二　（略）

2 （略）

3 （略）

4 （略）

5 （略）

6　（略）

7　仮専用実施権者は、第四項又は次条第七項本文の規定による仮通常実施権者があるときは、これらの者の承諾を得た場合に限り、その仮専用実施権を放棄することができる。

8　（略）

（仮通常実施権）

第三四条の三　（略）

2　前項の規定による仮通常実施権に係る特許出願について特許権の設定の登録があつたときは、当該仮通常実施権を有する者に対し、その特許権について、当該仮通常実施権の設定行為で定めた範囲内において、通常実施権が許諾されたものとみなす。

3　前条第二項の規定により、同条第四項の規定による仮通常実施権に係る仮専用実施権について専用実施権が設定されたものとみなされたときは、当該仮通常実施権を有する者に対し、その専用実施権について、当該仮通常実施権の設定行為で定めた範囲内において、通常実施権が許諾されたものとみなす。

4　（略）

5　第一項若しくは前条第四項又は実用新案法第四条の二第一項の規定による仮通常実施権に係る第四十一条第一項（優先権主張）の先の出願の願書に最初に添付した明細書、特許請求の範囲若しくは実用新案登録請求の範囲又は図面（当該先の出願が第三十六条の二第二項の外国語書面出願である場合にあつては、同条第一項の外国語書面）に記載された発明に基づいて第

6　（略）

7　仮専用実施権者は、第四項又は次条第六項本文の規定による仮通常実施権者があるときは、これらの者の承諾を得た場合に限り、その仮専用実施権を放棄することができる。

8　（略）

（仮通常実施権）

第三四条の三　（略）

2　前項の規定による仮通常実施権に係る特許出願について特許権の設定の登録があつたときは、当該仮通常実施権を有する者（当該仮通常実施権を許諾した者と当該特許権者とが異なる場合にあつては、登録した仮通常実施権を有する者に限る。）に対し、その特許権について、当該仮通常実施権の設定行為で定めた範囲内において、通常実施権が許諾されたものとみなす。

3　前条第二項の規定により、同条第四項の規定による仮通常実施権に係る仮専用実施権について専用実施権が設定されたものとみなされたときは、当該仮通常実施権を有する者（当該仮通常実施権を許諾した者と当該専用実施権者とが異なる場合にあつては、登録した仮通常実施権を有する者に限る。）に対し、その専用実施権について、当該仮通常実施権の設定行為で定めた範囲内において、通常実施権が許諾されたものとみなす。

4　（略）

四十一条第一項の規定による優先権の主張があつたときは、当該仮通常実施権を有する者に対し、当該優先権の主張を伴う特許出願に係る特許を受ける権利に基づいて取得すべき特許権について、当該仮通常実施権の設定行為で定めた範囲内において、仮通常実施権が許諾されたものとみなす。ただし、当該設定行為に別段の定めがあるときは、この限りでない。

6 仮通常実施権に係る特許出願について、第四十四条第一項（特許出願の分割）の規定による特許出願の分割があつたときは、当該仮通常実施権を有する者に対し、当該特許出願の分割に係る新たな特許出願に係る特許を受ける権利に基づいて取得すべき特許権について、当該仮通常実施権の設定行為で定めた範囲内において、仮通常実施権が許諾されたものとみなす。ただし、当該設定行為に別段の定めがあるときは、この限りでない。

7 前条第五項本文（仮専用実施権の特許出願の分割）の規定により、同項に規定する新たな特許出願に係る特許を受ける権利に基づいて取得すべき特許権についての仮専用実施権（以下この項において「新たな特許出願に係る仮専用実施権」という。）が設定されたものとみなされたときは、当該新たな特許出願に係るもとの特許出願に係る特許を受ける権利に基づいて取得すべき特許権についての仮専用実施権に基づいて取得すべき専用実施権についての仮通常実施権を有する者に対し、当該新たな特許出願に係る仮専用実施権に基づいて取得すべき専用実施権について、当該仮通常実施権の設定行為で定めた範囲内において、仮通常実施権が許諾されたものとみなす。ただし、当該設定行為に別段の定めがあるときは、この限りでない。

5 仮通常実施権に係る特許出願について、第四十四条第一項（特許出願の分割）の規定による特許出願の分割があつたときは、当該仮通常実施権を有する者（当該仮通常実施権を許諾した者と当該特許出願に係る特許を受ける権利を有する者とが異なる場合にあつては、登録した仮通常実施権を有する者に限る。）に対し、当該特許出願の分割に係る新たな特許出願に係る特許を受ける権利に基づいて取得すべき特許権について、当該仮通常実施権の設定行為で定めた範囲内において、仮通常実施権が許諾されたものとみなす。ただし、当該設定行為に別段の定めがあるときは、この限りでない。

6 前条第五項本文（仮専用実施権の特許出願の分割）の規定により、同項に規定する新たな特許出願に係る特許を受ける権利に基づいて取得すべき特許権についての仮専用実施権（以下この項において「新たな特許出願に係る仮専用実施権」という。）が設定されたものとみなされたときは、当該新たな特許出願に係るもとの特許出願に係る特許を受ける権利に基づいて取得すべき特許権についての仮専用実施権（以下この項において「もとの特許出願に係る仮専用実施権」という。）に基づいて取得すべき専用実施権についての仮通常実施権を有する者（当該仮通常実施権を許諾した者と当該もとの特許出願に係る仮専用実施権を有する者とが異なる場合にあつては、登録した仮通常実施権を有する者に限る。）に対し、当該新たな特許出願に係る

8　実用新案法第四条の二第一項（仮通常実施権）の規定による仮通常実施権に係る実用新案登録出願について、第四十六条第一項（実用新案登録出願の変更出願）の規定による出願の変更があつたときは、当該仮通常実施権を有する者に対し、当該出願の変更に係る特許出願に係る特許を受ける権利に基づいて取得すべき特許権について、当該仮通常実施権の設定行為で定めた範囲内において、仮通常実施権が許諾されたものとみなす。ただし、当該設定行為に別段の定めがあるときは、この限りでない。

9　意匠法（昭和三十四年法律第百二十五号）第五条の二第一項（仮通常実施権）の規定による仮通常実施権に係る意匠登録出願について、第四十六条第二項（意匠登録出願の変更出願）の規定による出願の変更があつたときは、当該仮通常実施権を有する者に対し、当該出願の変更に係る特許出願に係る特許を受ける権利に基づいて取得すべき特許権について、当該仮通常実施権の設定行為で定めた範囲内において、仮通常実施権が許諾されたものとみなす。ただし、当該設定行為に別段の定めがあるときは、この限りでない。

10　仮通常実施権は、その特許出願について特許権の設定の登録があつたとき、その特許出願が放棄され、取り下げられ、若しくは却下されたとき又はその特許出願について拒絶をすべき旨の査定若しくは審決が確定したときは、消滅する。

11　前項に定める場合のほか、前条第四項の規定又は第七項本文の規定による仮通常実施権は、その仮専用実施権が消滅したと

仮専用実施権に基づいて取得すべき専用実施権について、当該仮通常実施権の設定行為で定めた範囲内において、仮通常実施権が許諾されたものとみなす。ただし、当該設定行為に別段の定めがあるときは、この限りでない。

7　仮通常実施権は、その特許出願について特許権の設定の登録があつたとき、その特許出願が放棄され、取り下げられ、若しくは却下されたとき又はその特許出願について拒絶をすべき旨の査定若しくは審決が確定したときは、消滅する。

8　前項に定める場合のほか、前条第四項の規定又は第六項本文の規定による仮通常実施権は、その仮専用実施権が消滅したと

きは、消滅する。

12 第三十三条第二項及び第三項の規定は、仮通常実施権に準用する。

（仮通常実施権の対抗力）

第三四条の五　仮通常実施権は、その許諾後に当該仮通常実施権に係る特許を受ける権利若しくは仮専用実施権又は当該仮通常実施権に係る特許を受ける権利に関する仮専用実施権を取得した者に対しても、その効力を有する。

（特許出願）

第三六条の二　（略）

2 （略）

3 （略）

4 前項の規定により取り下げられたものとみなされた特許出願の出願人は、第二項に規定する期間内に当該翻訳文を提出することができなかつたことについて正当な理由があるときは、その理由がなくなつた日から二月以内で同項に規定する期間の経過後一年以内に限り、同項に規定する外国語書面及び外国語要約書面の翻訳文を特許庁長官に提出することができる。

5 前項の規定により提出された翻訳文は、第二項に規定する期間が満了する時に特許庁長官に提出されたものとみなす。

6 第二項に規定する外国語書面の翻訳文は前条第二項（特許出願）の規定により願書に添付して提出した明細書、特許請求の範囲及び図面と、第二項に規定する外国語要約書面の翻訳文は同条第二項の規定により願書に添付して提出した要約書とみな

きは、消滅する。

9 第三十三条第二項及び第三項の規定は、仮通常実施権に準用する。

（登録の効果）

第三四条の五　仮通常実施権は、その登録をしたときは、当該仮通常実施権に係る特許を受ける権利若しくは仮専用実施権又は当該仮通常実施権に係る特許を受ける権利に関する仮専用実施権をその後に取得した者に対しても、その効力を生ずる。

2 仮通常実施権の移転、変更、消滅又は処分の制限は、登録しなければ、第三者に対抗することができない。

（特許出願）

第三六条の二　（略）

2 （略）

3 （略）

4 第二項に規定する外国語書面の翻訳文は前条第二項（特許出願）の規定により願書に添付して提出した明細書、特許請求の範囲及び図面と、第二項に規定する外国語要約書面の翻訳文は前条第二項の規定により願書に添付して提出した要約書とみな

す。

（特許出願の放棄又は取下げ）

第三十八条の二　特許出願人は、その特許出願について仮専用実施権を有する者があるときは、その承諾を得た場合に限り、その特許出願を放棄し、又は取り下げることができる。

（先願）

第三十九条　（略）

2　（略）

3　（略）

4　（略）

5　（略）

6　（略）

7　（略）

（特許出願等に基づく優先権主張）

第四十一条　特許を受けようとする者は、次に掲げる場合を除き、その特許出願に係る発明について、その者が特許又は実用新案登録を受ける権利を有する特許出願又は実用新案登録出願であつて先にされたもの（以下「先の出願」という。）の願書に最初に添付した明細書、特許請求の範囲若しくは実用新案登録請求の範囲又は図面（先の出願が外国語書面出願である場合にあ

す。

（特許出願の放棄又は取下げ）

第三十八条の二　特許出願人は、その特許出願について仮専用実施権又は登録した仮通常実施権を有する者があるときは、これらの者の承諾を得た場合に限り、その特許出願を放棄し、又は取り下げることができる。

（先願）

第三十九条　（略）

2　（略）

3　（略）

4　（略）

5　（略）

6　発明者又は考案者でない者であつて特許を受ける権利又は実用新案登録を受ける権利を承継しないものがした特許出願又は実用新案登録出願は、第一項から第四項までの規定の適用については、特許出願又は実用新案登録出願でないものとみなす。

7　（略）

8　（略）

（特許出願等に基づく優先権主張）

第四十一条　特許を受けようとする者は、次に掲げる場合を除き、その特許出願に係る発明について、その者が特許又は実用新案登録を受ける権利を有する特許出願又は実用新案登録出願であつて先にされたもの（以下「先の出願」という。）の願書に最初に添付した明細書、特許請求の範囲若しくは実用新案登録請求の範囲又は図面（先の出願が外国語書面出願である場合にあ

つては、外国語書面）に記載された発明に基づいて優先権を主張することができる。ただし、先の出願について仮専用実施権を有する者があるときは、その特許出願の際に、その承諾を得ている場合に限る。

一　（略）

二　（略）

三　（略）

四　（略）

五　（略）

2　前項の規定による優先権の主張を伴う特許出願に係る発明のうち、当該優先権の主張の基礎とされた先の出願の願書に最初に添付した明細書、特許請求の範囲若しくは実用新案登録請求の範囲又は図面（当該先の出願が外国語書面出願である場合にあつては、外国語書面）に記載された発明（当該先の出願が同項若しくは実用新案法第八条第一項の規定による優先権の主張又は第四十三条第一項若しくは第四十三条の二第一項若しくは第二項（同法第十一条第一項において準用する場合を含む。）の規定による優先権の主張を伴う出願である場合には、当該先の出願についての優先権の主張の基礎とされた出願に係る出願の際の書類（明細書、特許請求の範囲若しくは実用新案登録請求の範囲又は図面に相当するものに限る。）に記載された発明を除く。）についての第二十九条〔特許の要件〕、第二十九条の二本文、第三十条第一項〔発明の新規性の喪失の例外〕及び第二項、第三十九条第一項〔先願〕から第四項まで、第六十九条第二項第二号〔特許権の効力が及ばない範囲〕、第七十二条〔他人の特許発明等との関係〕、第七十九条〔先使用による通常実施権〕、第八十一条〔意匠権の存続期間満了後の通常実施権〕、第八十二条第一項、第百四条〔生産方法の推定〕（第六十五条

つては、外国語書面）に記載された発明に基づいて優先権を主張することができる。ただし、先の出願について仮専用実施権又は登録した仮通常実施権を有する者があるときは、その特許出願の際に、これらの者の承諾を得ている場合に限る。

一　（略）

二　（略）

三　（略）

四　（略）

五　（略）

2　前項の規定による優先権の主張を伴う特許出願に係る発明のうち、当該優先権の主張の基礎とされた先の出願の願書に最初に添付した明細書、特許請求の範囲若しくは実用新案登録請求の範囲又は図面（当該先の出願が外国語書面出願である場合にあつては、外国語書面）に記載された発明（当該先の出願が同項若しくは実用新案法第八条第一項の規定による優先権の主張又は第四十三条第一項若しくは第四十三条の二第一項若しくは第二項（同法第十一条第一項において準用する場合を含む。）の規定による優先権の主張を伴う出願である場合には、当該先の出願についての優先権の主張の基礎とされた出願に係る出願の際の書類（明細書、特許請求の範囲若しくは実用新案登録請求の範囲又は図面に相当するものに限る。）に記載された発明を除く。）についての第二十九条〔特許の要件〕、第二十九条の二本文、第三十条第一項〔発明の新規性の喪失の例外〕から第三項まで、第三十九条第一項〔先願〕から第四項まで、第六十九条第二項第二号〔特許権の効力が及ばない範囲〕、第七十二条〔他人の特許発明等との関係〕、第七十九条〔先使用による通常実施権〕、第八十一条〔意匠権の存続期間満了後の通常実施権〕、第八十二条第一項、第百四条〔生産方法の推

第六項〔出願公開の効果等〕（第百八十四条の十第二項〔決定により特許出願とみなされる国際出願〕において準用する場合を含む。）において準用する場合を含む。）並びに第百二十六条第七項〔訂正審判〕（第十七条の二第六項〔願書に添付した明細書、特許請求の範囲又は図面の補正〕及び第百三十四条の二第九項〔特許無効審判における訂正の請求〕において準用する場合を含む。）、同法第七条第三項〔法定代理人〕及び第十七条〔手続の補正〕、意匠法第二十六条〔他人の登録意匠等との関係〕、第三十一条第二項〔意匠権等の存続期間満了後の通常実施権〕及び第三十二条第二項並びに商標法（昭和三十四年法律第百二十七号）第二十九条〔他人の特許権等との関係〕並びに第三十三条の二第一項〔特許権等の存続期間満了後の商標の使用をする権利〕及び第三十三条の三第一項（同法第六十八条第三項〔商標に関する規定の準用〕において準用する場合を含む。）の規定の適用については、当該特許出願は、当該先の出願の時にされたものとみなす。

3　（略）

4　（略）

（特許出願の分割）

第四四条　（略）

2　前項の場合は、新たな特許出願は、もとの特許出願の時にしたものとみなす。ただし、新たな特許出願が第二十九条の二〔〕に規定する他の特許出願又は実用新案法第三条の二〔実用新案登録の要件〕に規定する特許出願に該当する場合におけるこれらの規定の適用並びに第三十条第三項〔新規性の喪失の例外〕、第四十一条第四項〔優先権主張〕及び第四十三条第一項〔パリ

定〕（第六十五条第六項〔出願公開の効果等〕（第百八十四条の十第二項〔決定により特許出願とみなされる国際出願〕において準用する場合を含む。）において準用する場合を含む。）及び第百二十六条第五項〔訂正審判〕（第十七条の二第六項〔願書に添付した明細書、特許請求の範囲又は図面の補正〕及び第百三十四条の二第五項〔特許無効審判における訂正の請求〕において準用する場合を含む。）、同法第七条第三項〔法定代理人〕及び第十七条〔手続の補正〕、意匠法（昭和三十四年法律第百二十五号）第二十六条〔他人の登録意匠等との関係〕、第三十一条第二項〔意匠権等の存続期間満了後の通常実施権〕及び第三十二条第二項並びに商標法（昭和三十四年法律第百二十七号）第二十九条〔他人の特許権等との関係〕並びに第三十三条の二第一項〔特許権等の存続期間満了後の商標の使用をする権利〕及び第三十三条の三第一項（同法第六十八条第三項〔商標に関する規定の準用〕において準用する場合を含む。）の規定の適用については、当該特許出願は、当該先の出願の時にされたものとみなす。

3　（略）

4　（略）

（特許出願の分割）

第四四条　（略）

2　前項の場合は、新たな特許出願は、もとの特許出願の時にしたものとみなす。ただし、新たな特許出願が第二十九条の二〔〕に規定する他の特許出願又は実用新案法第三条の二〔実用新案登録の要件〕に規定する特許出願に該当する場合におけるこれらの規定の適用並びに第三十条第四項〔新規性の喪失の例外〕、第四十一条第四項〔優先権主張〕及び第四十三条第一項〔パリ

条約による優先権主張の手続〕（前条第三項において準用する場合を含む。）の規定の適用については、この限りでない。

3 （略）

4 第一項に規定する新たな特許出願をする場合には、もとの特許出願について提出された書面又は書類であつて、新たな特許出願について第三十条第三項、第四十一条第四項又は第四十三条第一項及び第二項（前条第三項において準用する場合を含む。）の規定により提出しなければならないものは、当該新たな特許出願と同時に特許庁長官に提出されたものとみなす。

5 （略）

6 （略）

（実用新案登録に基づく特許出願）

第四六条の二 （略）

2 前項の規定による特許出願は、その願書に添付した明細書、特許請求の範囲又は図面に記載した事項が当該特許出願の基礎とされた実用新案登録の願書に添付した明細書、実用新案登録請求の範囲又は図面に記載した事項の範囲内にあるものに限り、その実用新案登録に係る実用新案登録出願の時にしたものとみなす。ただし、その特許出願が第二十九条の二〔特許の要件〕に規定する他の特許出願又は実用新案法第三条の二〔実用新案登録の要件〕に規定する特許出願に該当する場合におけるこれらの規定の適用並びに第三十条第三項〔新規性の喪失の例外〕、第三十六条の二第二〔特許出願〕項ただし書、第四十一条第四項〔優先権主張〕、第四十三条第一項〔パリ条約による優先権主張の手続〕（第四十三条の二第三項において準用する場合を含む。）及び第四十八条の三第二項の規定の適用については、この限りでない。

条約による優先権主張の手続〕（前条第三項において準用する場合を含む。）の規定の適用については、この限りでない。

3 （略）

4 第一項に規定する新たな特許出願をする場合には、もとの特許出願について提出された書面又は書類であつて、新たな特許出願について第三十条第四項、第四十一条第四項又は第四十三条第一項及び第二項（前条第三項において準用する場合を含む。）の規定により提出しなければならないものは、当該新たな特許出願と同時に特許庁長官に提出されたものとみなす。

5 （略）

6 （略）

（実用新案登録に基づく特許出願）

第四六条の二 （略）

2 前項の規定による特許出願は、その願書に添付した明細書、特許請求の範囲又は図面に記載した事項が当該特許出願の基礎とされた実用新案登録の願書に添付した明細書、実用新案登録請求の範囲又は図面に記載した事項の範囲内にあるものに限り、その実用新案登録に係る実用新案登録出願の時にしたものとみなす。ただし、その特許出願が第二十九条の二〔特許の要件〕に規定する他の特許出願又は実用新案法第三条の二〔実用新案登録の要件〕に規定する特許出願に該当する場合におけるこれらの規定の適用並びに第三十条第四項〔新規性の喪失の例外〕、第三十六条の二第二〔特許出願〕項ただし書、第四十一条第四項〔優先権主張〕、第四十三条第一項〔パリ条約による優先権主張の手続〕（第四十三条の二第三項において準用する場合を含む。）及び第四十八条の三第二項の規定の適用については、この限りでない。

3 （略）
4 （略）
5 （略）

（拒絶の査定）

第四九条 審査官は、特許出願が次の各号のいずれかに該当するときは、その特許出願について拒絶をすべき旨の査定をしなければならない。

一 （略）
二 （略）
三 （略）
四 （略）
五 （略）
六 （略）
七 その特許出願人がその発明について特許を受ける権利を有していないとき。

（出願公開の効果等）

第六五条 （略）
2 （略）
3 （略）
4 （略）
5 （略）
6 第百一条〔侵害とみなす行為〕、第百四条から第百四条の三まで、第百五条、第百五条の二〔生産方法の推定、具体的態様の明示義務、特許権者等の権利行使の制限、書類の提出等、損害計算のための鑑定〕、第百五条の四から第百五条の七〔秘密保持命令、秘密保持命令の取消し、訴訟記録の閲覧等の請求の

---

3 （略）
4 （略）
5 （略）

（拒絶の査定）

第四九条 審査官は、特許出願が次の各号のいずれかに該当するときは、その特許出願について拒絶をすべき旨の査定をしなければならない。

一 （略）
二 （略）
三 （略）
四 （略）
五 （略）
六 （略）
七 その特許出願人が発明者でない場合において、その発明について特許を受ける権利を承継していないとき。

（出願公開の効果等）

第六五条 （略）
2 （略）
3 （略）
4 （略）
5 （略）
6 第百一条〔侵害とみなす行為〕、第百四条から第百五条の二まで〔生産方法の推定、具体的態様の明示義務、特許権者等の権利行使の制限、書類の提出等、損害計算のための鑑定〕、第百五条の四から第百五条の七〔秘密保持命令、秘密保持命令の取消し、訴訟記録の閲覧等の請求の通知等、当事者尋問等の

通知等、当事者尋問等の公開停止）まで及び第百六十八条第三項（訴訟との関係）から第六項まで並びに民法（明治二十九年法律第八十九号）第七百十九条（一）及び第七百二十四条（不法行為）の規定は、第一項の規定による請求権を行使する場合に準用する。この場合において、第一項の規定による請求権を有する者が特許権の設定の登録前に当該特許出願に係る発明の実施の事実及びその実施をした者を知つたときは、同条中「被害者又はその法定代理人が損害及び加害者を知った時」とあるのは、「特許権の設定の登録の日」と読み替えるものとする。

（存続期間の延長登録）

第六七条の三　審査官は、特許権の存続期間の延長登録の出願が次の各号のいずれかに該当するときは、その出願について拒絶をすべき旨の査定をしなければならない。

一　（略）

二　その特許権者又はその特許権についての専用実施権若しくは通常実施権を有する者が第六十七条第二項（存続期間）の政令で定める処分を受けていないとき。

三　（略）

四　（略）

五　（略）

2　（略）

3　（略）

4　（略）

（特許権の移転の特例）

第七四条　特許が第百二十三条第一項第二号（特許無効審判）に規定する要件に該当するとき（その特許が第三十八条（共同出

公開停止）まで及び第百六十八条第三項（訴訟との関係）から第六項まで並びに民法（明治二十九年法律第八十九号）第七百十九条（一）及び第七百二十四条（不法行為）の規定は、第一項の規定による請求権を行使する場合に準用する。この場合において、当該請求権を有する者が特許権の設定の登録前に当該特許出願に係る発明の実施の事実及びその実施をした者を知つたときは、同条中「被害者又はその法定代理人が損害及び加害者を知った時」とあるのは、「特許権の設定の登録の日」と読み替えるものとする。

（存続期間の延長登録）

第六七条の三　審査官は、特許権の存続期間の延長登録の出願が次の各号の一に該当するときは、その出願について拒絶をすべき旨の査定をしなければならない。

一　（略）

二　その特許権者又はその特許権についての専用実施権若しくは登録した通常実施権を有する者が第六十七条第二項（存続期間）の政令で定める処分を受けていないとき。

三　（略）

四　（略）

五　（略）

2　（略）

3　（略）

4　（略）

第七四条　削除

願）の規定に違反してされたときに限る。）又は同項第六号に規定する要件に該当するときは、当該特許に係る発明について特許を受ける権利を有する者は、経済産業省令で定めるところにより、その特許権者に対し、当該特許権の移転を請求することができる。

2 前項の規定による請求に基づく特許権の移転の登録があつたときは、その特許権は、初めから当該登録を受けた者に帰属していたものとみなす。当該特許権に係る発明についての第六十五条第一項（出願公開の効果等）又は第百八十四条の十第一項（国際公開及び国内公表の効果等）の規定による請求権についても、同様とする。

3 共有に係る特許権について第一項の規定による請求に基づきその持分を移転する場合においては、前条第一項の規定は、適用しない。

第七五条 削除

（特許権の移転の登録前の実施による通常実施権）

第七九条の二 第七十四条第一項（特許権の移転の特例）の規定による請求に基づく特許権の移転の登録の際現にその特許権、その特許権についての専用実施権又はその特許権若しくは専用実施権についての通常実施権を有していた者であつて、その特許権の移転の登録前に、特許が第百二十三条第一項第二号（特許無効審判）に規定する要件に該当すること（その特許が第三十八条（共同出願）の規定に違反してされたときに限る。）又は同項第六号に規定する要件に該当することを知らないで、日本国内において当該発明の実施である事業をしているもの又はその事業の準備をしているものは、その実施又は準備をして

第七五条 削除

いる発明及び事業の目的の範囲内において、その特許権について通常実施権を有する。

2 当該特許権者は、前項の規定により通常実施権を有する者から相当の対価を受ける権利を有する。

（無効審判の請求登録前の実施による通常実施権）

第八〇条 次の各号のいずれかに該当する者であつて、特許無効審判の請求の登録前に、特許が第百二十三条第一項各号（特許無効審判）のいずれかに規定する要件に該当することを知らないで、日本国内において当該発明の実施である事業をしているもの又はその事業の準備をしているものは、その実施又は準備をしている発明及び事業の目的の範囲内において、その特許を無効にした場合における特許権又はその際現に存する専用実施権について通常実施権を有する。

一 （略）

二 （略）

三 前二号に掲げる場合において、特許無効審判の請求の登録の際現にその無効にした特許に係る特許権についての専用実施権又はその特許権若しくは専用実施権についての通常実施権を有する者

2 （略）

（意匠権の存続期間満了後の通常実施権）

第八二条 特許出願の日前又はこれと同日の意匠登録出願に係る意匠権がその特許出願に係る特許権と抵触する場合において、その意匠権の存続期間が満了したときは、その満了の際現にその意匠権についての専用実施権又はその意匠権若しくは専用実

（無効審判の請求登録前の実施による通常実施権）

第八〇条 次の各号のいずれかに該当する者であつて、特許無効審判の請求の登録前に、特許が第百二十三条第一項各号（特許無効審判）のいずれかに規定する要件に該当することを知らないで、日本国内において当該発明の実施である事業をしているもの又はその事業の準備をしているものは、その実施又は準備をしている発明及び事業の目的の範囲内において、その特許を無効にした場合における特許権又はその際現に存する専用実施権について通常実施権を有する。

一 （略）

二 （略）

三 前二号に掲げる場合において、特許無効審判の請求の登録の際現にその無効にした特許に係る特許権についての専用実施権又はその特許権若しくは専用実施権についての第九十九条第一項（登録の効果）の効力を有する通常実施権を有する者

2 （略）

（意匠権の存続期間満了後の通常実施権）

第八二条 特許出願の日前又はこれと同日の意匠登録出願に係る意匠権がその特許出願に係る特許権と抵触する場合において、その意匠権の存続期間が満了したときは、その満了の際現にその意匠権についての専用実施権又はその意匠権若しくは専用実

施権についての通常実施権を有する者は、原権利の範囲内において、当該特許権又はその意匠権の存続期間の満了の際現に存する専用実施権について通常実施権を有する。

2 （略）

（通常実施権者の意見の陳述）

第八十四条の二 第八十三条第二項（不実施の場合の通常実施権の設定の裁定）の裁定の請求があつたときは、その特許に関し通常実施権を有する者は、前条（答弁書の提出）に規定する期間内に限り、その裁定の請求について意見を述べることができる。

（裁定の謄本の送達）

第八十七条 特許庁長官は、第八十三条第二項の裁定をしたときは、裁定の謄本を当事者、当事者以外の者であつてその特許に関し登録した権利を有するもの及び第八十四条の二（通常実施権者の意見の陳述）の規定により意見を述べた通常実施権者に送達しなければならない。

2 （略）

（裁定の取消し）

第九〇条 （略）

2 第八十四条（答弁書の提出）、第八十四条の二（通常実施権者の意見の陳述）、第八十五条第一項（審議会の意見の聴取等）、第八十六条第一項（裁定の方式）及び第八十七条第一項（裁定の謄本の送達）の規定は前項の規定による裁定の取消しに、第八十五条第二項の規定は通常実施権の設定を受けた者が適当に

施権についての意匠法第二十八条第三項（通常実施権）において準用するこの法律第九十九条第一項（登録の効果）の効力を有する通常実施権を有する者は、原権利の範囲内において、当該特許権又はその意匠権の存続期間の満了の際現に存する専用実施権について通常実施権を有する。

2 （略）

（裁定の謄本の送達）

第八十七条 特許庁長官は、第八十三条第二項の裁定をしたときは、裁定の謄本を当事者及び当事者以外の者であつてその特許に関し登録した権利を有するものに送達しなければならない。

2 （略）

（裁定の取消し）

第九〇条 （略）

2 第八十四条（答弁書の提出）、第八十五条第一項（審議会の意見の聴取等）、第八十六条第一項（裁定の方式）及び第八十七条第一項（裁定の謄本の送達）の規定は前項の規定による裁定の取消しに、第八十五条第二項の規定は通常実施権の設定を受けた者が適当にその特許発明の実施をしない場合の前項

その特許発明の実施をしない場合の前項の規定による裁定の取消しに準用する。

（自己の特許発明の実施をするための通常実施権の設定の裁定）

第九二条　（略）

2　（略）

3　（略）

4　（略）

5　（略）

6　（略）

7　第八十四条（答弁書の提出）、第八十四条の二（通常実施権者の意見）、第八十五条第一項（審議会の意見の聴取等）及び第八十六条から前条（裁定）までの規定は、第三項又は第四項の裁定に準用する。

（公共の利益のための通常実施権の設定の裁定）

第九三条　（略）

2　（略）

3　第八十四条、第八十四条の二（通常実施権者の意見）、第八十五条第一項及び第八十六条から第九十一条の二までの規定は、前項の裁定に準用する。

（通常実施権の対抗力）

第九九条　通常実施権は、その発生後にその特許権若しくは専用実施権又はその特許権についての専用実施権を取得した者に対しても、その効力を有する。

の規定による裁定の取消しに準用する。

（自己の特許発明の実施をするための通常実施権の設定の裁定）

第九二条　（略）

2　（略）

3　（略）

4　（略）

5　（略）

6　（略）

7　第八十四条（答弁書の提出）、第八十五条第一項（審議会の意見の聴取等）及び第八十六条から前条（裁定）までの規定は、第三項又は第四項の裁定に準用する。

（公共の利益のための通常実施権の設定の裁定）

第九三条　（略）

2　（略）

3　第八十四条、第八十五条第一項及び第八十六条から第九十一条の二までの規定は、前項の裁定に準用する。

（登録の効果）

第九九条　通常実施権は、その登録をしたときは、その特許権若しくは専用実施権又はその特許権についての専用実施権をその後に取得した者に対しても、その効力を生ずる。

2　第三十五条第一項（職務発明）、第七十九条（先使用による通常実施権）、第八十条第一項（無効審判の請求登録前の実施

（特許権者等の権利行使の制限）

第一〇四条の三　特許権又は専用実施権の侵害に係る訴訟において、当該特許が特許無効審判により又は当該特許権の存続期間の延長登録が延長登録無効審判により無効にされるべきものと認められるときは、特許権者又は専用実施権者は、相手方に対しその権利を行使することができない。

2　（略）

3　第百二十三条第二項〔特許無効審判〕ただし書の規定は、当該特許に係る発明について特許を受ける権利を有する者以外の者が第一項の規定による攻撃又は防御の方法を提出することを妨げない。

（主張の制限）

第一〇四条の四　特許権若しくは専用実施権の侵害又は第六十五条第一項〔出願公開の効果等〕若しくは第百八十四条の十第一項〔国際公開及び国内公表の効果等〕に規定する補償金の支払の請求に係る訴訟の終局判決が確定した後に、次に掲げる審決が確定したときは、当該訴訟の当事者であつた者は、当該終局判決に対する再審の訴え（当該訴訟を本案とする仮差押命令事

による通常実施権〕、第八十一条〔意匠権の存続期間満了後の通常実施権〕、第八十二条第一項又は第百七十六条〔再審により回復した特許権の効力の制限〕条の規定による通常実施権は、登録しなくても、前項の効力を有する。

3　通常実施権の移転、変更、消滅若しくは処分の制限又は通常実施権を目的とする質権の設定、移転、変更、消滅若しくは処分の制限は、登録しなければ、第三者に対抗することができない。

（特許権者等の権利行使の制限）

第一〇四条の三　特許権又は専用実施権の侵害に係る訴訟において、当該特許が特許無効審判により無効にされるべきものと認められるときは、特許権者又は専用実施権者は、相手方に対しその権利を行使することができない。

2　（略）

件の債権者に対する損害賠償の請求を目的とする訴え並びに当該訴訟を本案とする仮処分命令事件の債権者に対する損害賠償及び不当利得返還の請求を目的とする訴えを含む。）において、当該審決が確定したことを主張することができない。

一　当該特許を無効にすべき旨の審決

二　当該特許権の存続期間の延長登録を無効にすべき旨の審決

三　当該特許の願書に添付した明細書、特許請求の範囲又は図面の訂正をすべき旨の審決であつて政令で定めるもの

（特許料の減免又は猶予）

第一〇九条　特許庁長官は、特許権の設定の登録を受ける者又は特許権者であつて資力を考慮して政令で定める要件に該当する者が、特許料を納付することが困難であると認めるときは、政令で定めるところにより、第百七条第一項の規定による第一年から第十年までの各年分の特許料を軽減し若しくは免除し、又はその納付を猶予することができる。

（特許料の追納による特許権の回復）

第一一二条の二　前条第四項若しくは第五項の規定により消滅したものとみなされた特許権又は同条第六項の規定により初めから存在しなかつたものとみなされた特許権の原特許権者は、同条第一項の規定により特許料を追納することができる期間内に

（特許料の減免又は猶予）

第一〇九条　特許庁長官は、次に掲げる者であつて資力に乏しい者として政令で定める要件に該当する者が、特許料を納付することが困難であると認めるときは、政令で定めるところにより、第百七条第一項の規定による第一年から第三年までの各年分の特許料を軽減し若しくは免除し、又はその納付を猶予することができる。

一　その特許発明の発明者又はその相続人

二　その特許発明が第三十五条第一項の従業者等がした職務発明であつて、契約、勤務規則その他の定めによりあらかじめ使用者等に特許を受ける権利を承継させることが定められている場合において、その従業者等から特許を受ける権利を承継した使用者等

（特許料の追納による特許権の回復）

第一一二条の二　前条第四項若しくは第五項の規定により消滅したものとみなされた特許権又は同条第六項の規定により初めから存在しなかつたものとみなされた特許権の原特許権者は、その責めに帰することができない理由により同条第一項の規定に

同条第四項から第六項までに規定する特許料及び割増特許料を納付することができなかつたことについて正当な理由があるときは、その理由がなくなつた日から二月以内でその期間の経過後一年以内に限り、その特許料及び割増特許料を追納することができる。

2 （略）

（特許無効審判）

第一二三条 特許が次の各号のいずれかに該当するときは、その特許を無効にすることについて特許無効審判を請求することができる。この場合において、二以上の請求項に係るものについては、請求項ごとに請求することができる。

一 （略）

二 その特許が第二十五条〔外国人の権利の享有〕、第二十九条〔特許の要件〕、第二十九条の二、第三十二条〔特許を受けることができない発明〕、第三十八条〔共同出願〕又は第三十九条第一項〔先願〕から第四項までの規定に違反してされたとき（その特許が第三十八条〔共同出願〕の規定に違反してされた場合にあつては、第七十四条第一項〔特許権の移転の特例〕の規定による請求に基づき、その特許に係る特許権の移転の登録があつたときを除く。）。

三 （略）

四 （略）

五 （略）

六 その特許がその発明について特許を受ける権利を有しない者の特許出願に対してされたとき（第七十四条第一項の規定による請求に基づき、その特許に係る特許権の移転の登録があつたときを除く。）。

より特許料を追納することができる期間内に同条第四項から第六項までに規定する特許料及び割増特許料を納付することができなかつたときは、その理由がなくなつた日から十四日（在外者にあつては、二月）以内でその期間の経過後六月以内に限り、その特許料及び割増特許料を追納することができる。

2 （略）

（特許無効審判）

第一二三条 特許が次の各号のいずれかに該当するときは、その特許を無効にすることについて特許無効審判を請求することができる。この場合において、二以上の請求項に係るものについては、請求項ごとに請求することができる。

一 （略）

二 その特許が第二十五条〔外国人の権利の享有〕、第二十九条〔特許の要件〕、第二十九条の二、第三十二条〔特許を受けることができない発明〕、第三十八条〔共同出願〕又は第三十九条第一項〔先願〕から第四項までの規定に違反してされたとき。

三 （略）

四 （略）

五 （略）

六 その特許が発明者でない者であつてその発明について特許を受ける権利を承継しないものの特許出願に対してされたとき。

七　（略）
八　その特許の願書に添付した明細書、特許請求の範囲又は図面の訂正が第百二十六条第一項〔訂正審判〕ただし書若しくは第五項から第七項まで（第百三十四条の二第九項〔特許無効審判における訂正の請求〕において準用する場合を含む。）又は第百三十四条の二第一項ただし書の規定に違反してされたとき。

2　特許無効審判は、何人も請求することができる。ただし、特許が前項第二号に該当すること（その特許が第三十八条〔共同出願〕の規定に違反してされたときに限る。）又は同項第六号に該当することを理由とするものは、当該特許に係る発明について特許を受ける権利を有する者に限り請求することができる。

3　（略）

4　（略）

（延長登録無効審判）

第一二五条の二　特許権の存続期間の延長登録が次の各号のいずれかに該当するときは、その延長登録を無効にすることについて延長登録無効審判を請求することができる。
一　（略）
二　その延長登録が、その特許権者又はその特許権についての専用実施権若しくは通常実施権を有する者が第六十七条第二項の政令で定める処分を受けていない場合の出願に対してされたとき。
三　（略）
四　（略）
五　（略）

七　（略）
八　その特許の願書に添付した明細書、特許請求の範囲又は図面の訂正が第百二十六条第一項〔訂正審判〕ただし書若しくは第三項から第五項まで（第百三十四条の二第五項〔特許無効審判における訂正の請求〕において準用する場合を含む。）又は第百三十四条の二第一項ただし書の規定に違反してされたとき。

2　特許無効審判は、何人も請求することができる。ただし、特許が前項第二号に該当すること（その特許が第三十八条〔共同出願〕の規定に違反してされたときに限る。）又は同項第六号に該当することを理由とするものは、利害関係人に限り請求することができる。

3　（略）

4　（略）

（延長登録無効審判）

第一二五条の二　特許権の存続期間の延長登録が次の各号のいずれかに該当するときは、その延長登録を無効にすることについて延長登録無効審判を請求することができる。
一　（略）
二　その延長登録が、その特許権者又はその特許権についての専用実施権若しくは登録した通常実施権を有する者が第六十七条第二項の政令で定める処分を受けていない場合の出願に対してされたとき。
三　（略）
四　（略）
五　（略）

2　（略）
3　（略）

（訂正審判）

第一二六条　特許権者は、願書に添付した明細書、特許請求の範囲又は図面の訂正をすることについて訂正審判を請求することができる。ただし、その訂正は、次に掲げる事項を目的とするものに限る。

一　（略）

二　（略）

三　明瞭でない記載の釈明

四　他の請求項の記載を引用する請求項の記載を当該他の請求項の記載を引用しないものとすること。

2　訂正審判は、特許無効審判が特許庁に係属した時からその審決（請求項ごとに請求がされた場合にあつては、その全ての審決）が確定するまでの間は、請求することができない。

3　二以上の請求項に係る願書に添付した特許請求の範囲の訂正をする場合には、請求項ごとに第一項の規定による請求をすることができる。この場合において、当該請求項の中に一の請求項の記載を他の請求項が引用する関係その他経済産業省令で定める関係を有する一群の請求項（以下「一群の請求項」という。）があるときは、当該一群の請求項ごとに当該請求をしなければならない。

2　（略）
3　（略）

（訂正審判）

第一二六条　特許権者は、願書に添付した明細書、特許請求の範囲又は図面の訂正をすることについて訂正審判を請求することができる。ただし、その訂正は、次に掲げる事項を目的とするものに限る。

一　（略）

二　（略）

三　明りようでない記載の釈明

2　訂正審判は、特許無効審判が特許庁に係属した時からその審決が確定するまでの間は、請求することができない。ただし、特許無効審判の審決に対する訴えの提起があつた日から起算して九十日の期間内（当該事件について第百八十一条第一項（審決又は決定の取消し）の規定による審決の取消しの判決又は同条第二項の規定による審決の取消しの決定があつた場合においては、その判決又は決定の確定後の期間を除く。）は、この限りでない。

4　願書に添付した明細書又は図面の訂正をする場合であつて、請求項ごとに第一項の規定による請求をしようとするときは、当該明細書又は図面の訂正に係る請求項の全て（前項後段の規定により一群の請求項ごとに第一項の規定による請求をする場合にあつては、当該明細書又は図面の訂正に係る請求項を含む一群の請求項の全て）について行わなければならない。

5　（略）

6　（略）

7　（略）

8　（略）

（審判請求の方式）

第一三一条　（略）

2　（略）

3　訂正審判を請求する場合における第一項第三号に掲げる請求の趣旨及びその理由は、経済産業省令で定めるところにより記載したものでなければならない。

4　（略）

（審判請求書の補正）

第一三一条の二　前条第一項の規定により提出した請求書の補正は、その要旨を変更するものであつてはならない。ただし、当該補正が次の各号のいずれかに該当するときは、この限りでない。

一　特許無効審判以外の審判を請求する場合における前条第一項第三号に掲げる請求の理由についてされるとき。

二　次項の規定による審判長の許可があつたものであるとき。

三　第百三十三条第一項（第百三十四条の二第九項において準

3　（略）

4　（略）

5　（略）

6　（略）

（審判請求の方式）

第一三一条　（略）

2　（略）

3　（略）

（審判請求書の補正）

第一三一条の二　前条第一項の規定により提出した請求書の補正は、その要旨を変更するものであつてはならない。ただし、当該補正が、特許無効審判以外の審判を請求する場合における同項第三号に掲げる請求の理由についてされるとき、又は次項の規定による審判長の許可があつたときは、この限りでない。

用する場合を含む。）の規定により、当該請求書について補正をすべきことを命じられた場合において、当該命じられた事項についてされるとき。

2　（略）

3　（略）

4　（略）

（特許無効審判における訂正の請求）

第一三四条の二　特許無効審判の被請求人は、前条第一項（答弁書の提出等）若しくは第二項、次条、第百五十三条第二項（職権による審理）又は第百六十四条の二第二項（特許無効審判における特則）の規定により指定された期間内に限り、願書に添付した明細書、特許請求の範囲又は図面の訂正を請求することができる。ただし、その訂正は、次に掲げる事項を目的とするものに限る。

一　（略）

二　（略）

三　明瞭でない記載の釈明

四　他の請求項の記載を引用する請求項の記載を当該他の請求項の記載を引用しないものとすること。

2　二以上の請求項に係る願書に添付した特許請求の範囲の訂正をする場合には、請求項ごとに前項の訂正の請求をすることができる。ただし、特許無効審判が請求項ごとに請求された場合にあつては、請求項ごとに同項の訂正の請求をしなければならない。

3　前項の場合において、当該請求項の中に一群の請求項があるときは、当該一群の請求項ごとに当該請求をしなければならない。

2　（略）

3　（略）

4　（略）

（特許無効審判における訂正の請求）

第一三四条の二　特許無効審判の被請求人は、前条第一項（答弁書の提出等）若しくは第二項、次条第一項（取消しの判決があつた場合における訂正の請求）若しくは第二項又は第百五十三条第二項の規定により指定された期間内に限り、願書に添付した明細書、特許請求の範囲又は図面の訂正を請求することができる。ただし、その訂正は、次に掲げる事項を目的とするものに限る。

一　（略）

二　（略）

三　明りようでない記載の釈明

4　審判長は、第一項の訂正の請求書及びこれに添付された訂正した明細書、特許請求の範囲又は図面を受理したときは、これらの副本を請求人に送達しなければならない。

5　審判官は、第一項の訂正の請求が同項ただし書各号に掲げる事項を目的とせず、又は第九項において読み替えて準用する第百二十六条第五項〔訂正審判〕から第七項までの規定に適合しないことについて、当事者又は参加人が申し立てない理由についても、審理することができる。この場合において、当該理由により訂正の請求を認めないときは、審判長は、審理の結果を当事者及び参加人に通知し、相当の期間を指定して、意見を申し立てる機会を与えなければならない。

6　第一項の訂正の請求がされた場合において、その審判事件において先にした訂正の請求があるときは、当該先の請求は、取り下げられたものとみなす。

7　第一項の訂正の請求は、同項の訂正の請求書に添付された訂正した明細書、特許請求の範囲又は図面について第十七条の四第一項〔訂正に係る明細書、特許請求の範囲又は図面の補正〕の補正をすることができる期間内に限り、取り下げることができる。この場合において、第一項の訂正の請求を第二項又は第三項の規定により請求項ごとに又は一群の請求項ごとにしたときは、その全ての請求を取り下げなければならない。

8　第百五十五条第三項〔審判の請求の取下げ〕の規定により特許無効審判の請求が請求項ごとに取り下げられたときは、第一項の訂正の請求は、当該請求項ごとに取り下げられたものとみなし、特許無効審判の審判事件に係る全ての請求が取り下げられたときは、当該審判事件に係る同項の訂正の請求は、全て取り下げられたものとみなす。

9　第百二十六条第四項から第八項まで、第百二十七条、第

2　審判長は、前項の訂正の請求書及びこれに添付された訂正した明細書、特許請求の範囲又は図面を受理したときは、これらの副本を請求人に送達しなければならない。

3　審判官は、第一項の訂正の請求が同項ただし書各号に掲げる事項を目的とせず、又は第五項において読み替えて準用する第百二十六条第三項〔訂正審判〕から第五項までの規定に適合しないことについて、当事者又は参加人が申し立てない理由についても、審理することができる。この場合において、当該理由により訂正の請求を認めないときは、審判長は、審理の結果を当事者及び参加人に通知し、相当の期間を指定して、意見を申し立てる機会を与えなければならない。

4　第一項の訂正の請求がされた場合において、その審判事件において先にした訂正の請求があるときは、当該先の請求は、取り下げられたものとみなす。

5　第百二十六条第三項から第六項まで、第百二十七条、第

百二十八条、第百三十一条第一項（審判請求の方式）、第三項及び第四項、第百三十一条の二第一項（審判請求書の補正）、第百三十二条第三項（共同審判）及び第四項並びに第百三十三条第一項、第三項及び第四項の規定は、第一項の場合に準用する。この場合において、第百二十六条第七項中「第一項ただし書第一号又は第二号」とあるのは、「特許無効審判の請求がされていない請求項に係る第一項ただし書第一号又は第二号」と読み替えるものとする。

（取消しの判決があつた場合における訂正の請求）

第一三四条の三　審判長は、特許無効審判の審決（審判の請求に理由がないとするものに限る。）に対する第百八十一条第一項（審決又は決定の取消し）の規定による取消しの判決が確定し、同条第二項の規定により審理を開始するときは、その判決の確定の日から一週間以内に被請求人から申立てがあつた場合に限り、被請求人に対し、願書に添付した明細書、特許請求の範囲又は図面の訂正を請求するための相当の期間を指定することができる。

百二十八条、第百三十一条第一項（審判請求の方式）及び第三項、第百三十一条の二第一項（審判請求書の補正）並びに第百三十二条第三項（共同審判）及び第四項の規定は、第一項の場合に準用する。この場合において、第百二十六条第五項中「第一項ただし書第一号又は第二号」とあるのは、「特許無効審判の請求がされていない請求項に係る第一項ただし書第一号又は第二号」と読み替えるものとする。

（取消しの判決等があつた場合における訂正の請求）

第一三四条の三　審判長は、特許無効審判の審決（審判の請求に理由がないとするものに限る。）に対する第百八十一条第一項（審決又は決定の取消し）の規定による取消しの判決が確定し、同条第五項の規定により審理を開始するときは、その判決の確定の日から一週間以内に被請求人から申立てがあつた場合に限り、被請求人に対し、願書に添付した明細書、特許請求の範囲又は図面の訂正を請求するための相当の期間を指定することができる。

2　審判長は、第百八十一条第二項の規定による審決の取消しの決定が確定し、同条第五項の規定により審理を開始するときは、被請求人に対し、願書に添付した明細書、特許請求の範囲又は図面の訂正を請求するための相当の期間を指定しなければならない。ただし、当該審理の開始の時に、当該事件について第百二十六条第二項ただし書に規定する期間内に請求された訂正審判の審決が確定している場合は、この限りでない。

3　特許無効審判の被請求人は、第百二十六条第二項ただし書に規定する期間内に訂正審判を請求した場合において、前二項の規定により指定された期間内に前条第一項の訂正の請求をする

（審判の請求の取下げ）

第一五五条　（略）

2　（略）

3　（略）

4　請求項ごとに又は一群の請求項ごとに訂正審判を請求したときは、その請求の取下げは、その全ての請求について行わなければならない。

（審理の終結の通知）

第一五六条　審判長は、特許無効審判以外の審判においては、事件が審決をするのに熟したときは、審理の終結を当事者及び参

ときは、その訂正審判の請求書に添付した訂正した明細書、特許請求の範囲又は図面を援用することができる。

4　第百二十六条第二項ただし書に規定する期間内に訂正審判の請求があつた場合において、第一項又は第二項の規定により指定された期間内に前条第一項の訂正の請求がされたときは、その訂正審判の請求は、取り下げられたものとみなす。ただし、訂正の請求の時にその訂正審判の審決が確定している場合は、この限りでない。

5　第百二十六条第二項ただし書に規定する期間内に訂正審判の請求があつた場合において、第一項又は第二項の規定により指定された期間内に前条第一項の訂正の請求がされなかつたときは、その期間の末日に、その訂正審判の請求書に添付された訂正した明細書、特許請求の範囲又は図面を第三項の規定により援用した同条第一項の訂正の請求がされたものとみなす。ただし、その期間の末日にその訂正審判の審決が確定している場合は、この限りでない。

（審判の請求の取下げ）

第一五五条　（略）

2　（略）

3　（略）

（審理の終結の通知）

第一五六条　審判長は、事件が審決をするのに熟したときは、審理の終結を当事者及び参加人に通知しなければならない。

加人に通知しなければならない。

2　審判長は、特許無効審判においては、事件が審決をするのに熟した場合であつて第百六十四条の二第一項（特許無効審判における特則）の審決の予告をしないとき、又は同項の審決の予告をした場合であつて同条第二項の規定により指定した期間内に被請求人が第百三十四条の二第一項（特許無効審判における訂正の請求）の訂正の請求若しくは第十七条の四第一項（訂正に係る明細書、特許請求の範囲又は図面の補正）の補正をしないときは、審理の終結を当事者及び参加人に通知しなければならない。

3　審判長は、必要があるときは、前二項の規定による通知をした後であつても、当事者若しくは参加人の申立てにより又は職権で、審理の再開をすることができる。

4　審決は、第一項又は第二項の規定による通知を発した日から二十日以内にしなければならない。ただし、事件が複雑であるとき、その他やむを得ない理由があるときは、この限りでない。

（特許無効審判における特則）

第一六四条の二　審判長は、特許無効審判の事件が審決をするのに熟した場合において、審判の請求に理由があると認めるときその他の経済産業省令で定めるときは、審決の予告を当事者及び参加人にしなければならない。

2　審判長は、前項の審決の予告をするときは、被請求人に対し、願書に添付した明細書、特許請求の範囲又は図面の訂正を請求するための相当の期間を指定しなければならない。

3　第百五十七条第二項の規定は、第一項の審決の予告に準用する。

2　審判長は、必要があるときは、前項の規定による通知をした後であつても、当事者若しくは参加人の申立により又は職権で、審理の再開をすることができる。

3　審決は、第一項の規定による通知を発した日から二十日以内にしなければならない。ただし、事件が複雑であるとき、その他やむを得ない理由があるときは、この限りでない。

（訂正審判における特則）

第一六五条　審判長は、訂正審判の請求が第百二十六条第一項〔訂正審判〕ただし書各号に掲げる事項を目的とせず、又は同条第五項から第七項までの規定に適合しないときは、請求人にその理由を通知し、相当の期間を指定して、意見書を提出する機会を与えなければならない。

（審決の効力）

第一六七条　特許無効審判又は延長登録無効審判の審決が確定したときは、当事者及び参加人は、同一の事実及び同一の証拠に基づいてその審判を請求することができない。

（審決の確定範囲）

第一六七条の二　審決は、審判事件ごとに確定する。ただし、次の各号に掲げる場合には、それぞれ当該各号に定めるところにより確定する。

一　請求項ごとに特許無効審判の請求がされた場合であつて、一群の請求項ごとに第百三十四条の二第一項〔特許無効審判における訂正の請求〕の訂正の請求がされた場合　当該一群の請求項ごと

二　一群の請求項ごとに訂正審判の請求がされた場合　当該一群の請求項ごと

三　請求項ごとに審判の請求がされた場合であつて、第一号に掲げる場合以外の場合　当該請求項ごと

（審判の規定等の準用）

第一七四条　第百三十一条第一項〔審判請求の方式〕、第百三十一条の二第一項本文〔審判請求書の補正〕、第百三十二

（訂正審判における特則）

第一六五条　審判長は、訂正審判の請求が第百二十六条第一項〔訂正審判〕ただし書各号に掲げる事項を目的とせず、又は同条第三項から第五項までの規定に適合しないときは、請求人にその理由を通知し、相当の期間を指定して、意見書を提出する機会を与えなければならない。

（審決の効力）

第一六七条　何人も、特許無効審判又は延長登録無効審判の確定審決の登録があつたときは、同一の事実及び同一の証拠に基づいてその審判を請求することができない。

（審判の規定等の準用）

第一七四条　第百三十一条第一項〔審判請求の方式〕、第百三十一条の二第一項本文〔審判請求書の補正〕、第百三十二

条第三項〔共同審判〕及び第四項、第百三十三条〔方式に違反した場合の決定による却下〕、第百三十三条の二〔不適法な手続の却下〕、第百三十四条第四項〔答弁書の提出等〕、第百三十五条から第百四十七条〔不適法な審判請求の審決による却下、合議制、審判官の指定・除斥・忌避、審判長、審判書記官、審判における審理の方式等〕まで、第百五十条から第百五十二条〔証拠調及び証拠保全、職権による審理〕まで、第百五十五条第一項〔審判の請求の取下げ〕、第百五十六条第一項〔審理の終結の通知〕、第三項及び第四項、第百五十七条から第百六十条〔審決、拒絶査定不服審判における特則〕まで、第百六十七条の二本文〔審決の確定範囲〕、第百六十八条〔訴訟との関係〕、第百六十九条第三項〔審判における費用の負担〕から第六項まで並びに第百七十条〔費用の額の決定の執行力〕の規定は、拒絶査定不服審判の確定審決に対する再審に準用する。

2　第百三十一条第一項、第百三十一条の二第一項本文、第百三十二条第一項、第二項及び第四項、第百三十三条、第百三十三条の二、第百三十四条第一項、第三項及び第四項、第百三十五条、第百五十五条第一項から第三項まで、第百五十六条第一項、第三項及び第四項、第百五十七条、第百五十四条から第百五十七条まで、第百六十七条から第百六十八条まで、第百六十九条第一項、第二項、第五項及び第六項並びに第百七十条の規定は、特許無効審判又は延長登録無効審判の確定審決に対する再審に準用する。

3　第百三十一条第一項及び第四項、第百三十一条の二第一項本文、第百三十二条第三項及び第四項、第百三十三条、第百三十三条の二、第百三十四条第四項、第百三十五条から第百四十七条まで、第百五十条から第百五十二条まで、第

条第三項〔共同審判〕及び第四項、第百三十三条〔方式に違反した場合の決定による却下〕、第百三十三条の二〔不適法な手続の却下〕、第百三十四条第四項〔答弁書の提出等〕、第百三十五条から第百四十七条〔不適法な審判請求の審決による却下、合議制、審判官の指定・除斥・忌避、審判長、審判書記官、審判における審理の方式等〕まで、第百五十条から第百五十二条〔証拠調及び証拠保全、職権による審理〕まで、第百五十五条第一項〔審判の請求の取下げ〕、第百五十六条から第百六十条〔審理の終結の通知、審決、拒絶査定不服審判における特則〕まで、第百六十八条〔訴訟との関係〕、第百六十九条第三項〔審判における費用の負担〕から第六項まで並びに第百七十条〔費用の額の決定の執行力〕の規定は、拒絶査定不服審判の確定審決に対する再審に準用する。

2　第百三十一条第一項、第百三十一条の二第一項本文、第百三十二条第一項、第二項及び第四項、第百三十三条、第百三十三条の二、第百三十四条第一項、第三項及び第四項、第百三十五条から第百五十二条まで、第百五十四条から第百五十七条まで、第百六十七条、第百六十八条、第百六十九条第一項、第二項、第五項及び第六項並びに第百七十条の規定は、特許無効審判又は延長登録無効審判の確定審決に対する再審に準用する。

3　第百三十一条第一項及び第三項、第百三十一条の二第一項本文、第百三十二条第三項及び第四項、第百三十三条、第百三十三条の二、第百三十四条第四項、第百三十五条から第百四十七条まで、第百五十条から第百五十二条まで、第

百五十五条第一項及び第四項、第百五十六条第一項、第三項及び第四項、第百五十七条、第百六十五条、第百六十七条の二、第百六十八条、第百六十九条第三項から第六項まで並びに第百七十条の規定は、訂正審判の確定審決に対する再審に準用する。

4 （略）

（審決等に対する訴え）

第一七八条 審決に対する訴え及び審判若しくは再審の請求書又は第百三十四条の二第一項（特許無効審判における訂正の請求）の訂正の請求書の却下の決定に対する訴えは、東京高等裁判所の専属管轄とする。

2 （略）

3 （略）

4 （略）

5 （略）

6 （略）

（出訴の通知等）

第一八〇条 裁判所は、前条ただし書に規定する訴えの提起があつたときは、遅滞なく、その旨を特許庁長官に通知しなければならない。

2 裁判所は、前項の場合において、訴えが請求項ごとに請求された特許無効審判又はその審判の確定審決に対する再審の審決に対するものであるときは、当該訴えに係る請求項を特定するために必要な書類を特許庁長官に送付しなければならない。

百五十五条第一項、第百五十六条、第百五十七条、第百六十五条、第百六十八条、第百六十九条第三項から第六項まで並びに第百七十条の規定は、訂正審判の確定審決に対する再審に準用する。

4 （略）

（審決等に対する訴え）

第一七八条 審決に対する訴え及び審判又は再審の請求書の却下の決定に対する訴えは、東京高等裁判所の専属管轄とする。

2 （略）

3 （略）

4 （略）

5 （略）

6 （略）

（出訴の通知）

第一八〇条 裁判所は、前条ただし書に規定する訴の提起があつたときは、遅滞なく、その旨を特許庁長官に通知しなければならない。

（審決又は決定の取消し）

第一八一条　裁判所は、第百七十八条第一項の訴えの提起があつた場合において、当該請求を理由があると認めるときは、当該審決又は決定を取り消さなければならない。

2　審判官は、前項の規定による審決又は決定の取消しの判決が確定したときは、さらに審理を行い、審決又は決定をしなければならない。この場合において、審決の取消しの判決が、第百三十四条の二第一項（特許無効審判における訂正の請求）の訂正の請求がされた一群の請求項のうち一部の請求項について確定したときは、審判官は、審理を行うに際し、当該一群の請求項のうちその他の請求項についての審決を取り消さなければならない。

（裁判の正本等の送付）

第一八二条　裁判所は、第百七十九条ただし書（被告適格）に規定する訴えについて次の各号に掲げる場合には、遅滞なく、それぞれ当該各号に定める書類を特許庁長官に送付しなければな

（審決又は決定の取消し）

第一八一条　裁判所は、第百七十八条第一項の訴えの提起があつた場合において、当該請求を理由があると認めるときは、当該審決又は決定を取り消さなければならない。

2　裁判所は、特許無効審判の審決に対する第百七十八条第一項の訴えの提起があつた場合において、特許権者が当該訴えに係る特許について訴えの提起後に訂正審判を請求し、又は請求しようとしていることにより、当該特許を無効にすることについて特許無効審判においてさらに審理させることが相当であると認めるときは、事件を審判官に差し戻すため、決定をもつて、当該審決を取り消すことができる。

3　裁判所は、前項の規定による決定をするときは、当事者の意見を聴かなければならない。

4　第二項の決定は、審判官その他の第三者に対しても効力を有する。

5　審判官は、第一項の規定による審決若しくは決定の取消しの判決又は第二項の規定による審決の取消しの決定が確定したときは、さらに審理を行い、審決又は決定をしなければならない。

（裁判の正本の送付）

第一八二条　裁判所は、第百七十九条ただし書（被告適格）に規定する訴えについて訴訟手続が完結したときは、遅滞なく、特許庁長官に各審級の裁判の正本を送付しなければならない。

らない。

一　裁判により訴訟手続が完結した場合各審級の裁判の正本

二　裁判によらないで訴訟手続が完結した場合訴訟手続が完結した訴えに係る請求項を特定するために必要な書類

（外国語でされた国際特許出願の翻訳文）

第一八四条の四　外国語でされた国際特許出願（以下「外国語特許出願」という。）の出願人は、条約第二条(xi)の優先日（以下「優先日」という。）から二年六月（以下「国内書面提出期間」という。）以内に、前条第一項に規定する国際出願日（以下「国際出願日」という。）における条約第三条(2)〔国際出願〕に規定する明細書、請求の範囲、図面（図面の中の説明に限る。以下この条において同じ。）及び要約の日本語による翻訳文を、特許庁長官に提出しなければならない。ただし、国内書面提出期間の満了前二月から満了の日までの間に次条第一項に規定する書面を提出した外国語特許出願（当該書面の提出の日以前に当該翻訳文を提出したものを除く。）にあつては、当該書面の提出の日から二月（以下「翻訳文提出特例期間」という。）以内に、当該翻訳文を提出することができる。

2　（略）

3　国内書面提出期間（第一項ただし書の外国語特許出願にあつては、翻訳文提出特例期間。以下この条において同じ。）内に第一項に規定する明細書の翻訳文及び前二項に規定する請求の（以下「明細書等翻訳文」という。）の提出がなかつたときは、その国際特許出願は、取り下げられたものとみなす。

4　前項の規定により取り下げられたものとみなされた国際特許出願の出願人は、国内書面提出期間内に当該明細書等翻訳文を提出することができなかつたことについて正当な理由があると

（外国語でされた国際特許出願の翻訳文）

第一八四条の四　外国語でされた国際特許出願（以下「外国語特許出願」という。）の出願人は、条約第二条(xi)の優先日（以下「優先日」という。）から二年六月（以下「国内書面提出期間」という。）以内に、前条第一項に規定する国際出願日（以下「国際出願日」という。）における条約第三条(2)〔国際出願〕に規定する明細書、請求の範囲、図面（図面の中の説明に限る。）及び要約の日本語による翻訳文を、特許庁長官に提出しなければならない。ただし、国内書面提出期間の満了前二月から満了の日までの間に次条第一項に規定する書面を提出した外国語特許出願（当該書面の提出の日以前に当該翻訳文を提出したものを除く。）にあつては、当該書面の提出の日から二月（以下「翻訳文提出特例期間」という。）以内に、当該翻訳文を提出することができる。

2　（略）

3　国内書面提出期間（第一項ただし書の外国語特許出願にあつては、翻訳文提出特例期間。次項において同じ。）内に第一項に規定する明細書の翻訳文及び前二項に規定する請求の範囲の翻訳文の提出がなかつたときは、その国際特許出願は、取り下げられたものとみなす。

きは、その理由がなくなつた日から二月以内で国内書面提出期間の経過後一年以内に限り、明細書等翻訳文並びに第一項に規定する図面及び要約の翻訳文を特許庁長官に提出することができる。

5 前項の規定により提出された翻訳文は、国内書面提出期間が満了する時に特許庁長官に提出されたものとみなす。

6 （略）

7 （略）

（国際出願に係る願書、明細書等の効力等）

第一八四条の六 （略）

2 （略）

3 第百八十四条の四第二項（外国語でされた国際特許出願の翻訳文）又は第六項の規定により条約第十九条(1)の規定に基づく補正後の請求の範囲の翻訳文が提出された場合は、前項の規定にかかわらず、当該補正後の請求の範囲の翻訳文を第三十六条第二項の規定により願書に添付して提出した特許請求の範囲とみなす。

（国内公表等）

第一八四条の九 特許庁長官は、第百八十四条の四第一項（外国語でされた国際特許出願の翻訳文）又は第四項の規定により翻訳文が提出された外国語特許出願について、特許掲載公報の発行をしたものを除き、国内書面提出期間（同条第一項ただし書の外国語特許出願にあつては、翻訳文提出特例期間。以下この項において同じ。）の経過後（国内書面提出期間内に出願人から出願審査の請求があつた国際特許出願であつて条約第二十一条に規定する国際公開（以下「国際公開」という。）がされて

---

4 （略）

5 （略）

（国際出願に係る願書、明細書等の効力等）

第一八四条の六 （略）

2 （略）

3 第百八十四条の四第二項（外国語でされた国際特許出願の翻訳文）又は第四項の規定により条約第十九条(1)の規定に基づく補正後の請求の範囲の翻訳文が提出された場合は、前項の規定にかかわらず、当該補正後の請求の範囲の翻訳文を第三十六条第二項の規定により願書に添付して提出した特許請求の範囲とみなす。

（国内公表等）

第一八四条の九 特許庁長官は、第百八十四条の四第一項（外国語でされた国際特許出願の翻訳文）の規定により翻訳文が提出された外国語特許出願について、特許掲載公報の発行をしたものを除き、国内書面提出期間（第百八十四条の四第一項ただし書の外国語特許出願にあつては、翻訳文提出特例期間。以下この項において同じ。）の経過後（国内書面提出期間内に出願人から出願審査の請求があつた国際特許出願であつて条約第二十一条に規定する国際公開（以下「国際公開」という。）が

いるものについては出願審査の請求の後、第百八十四条の四第四項の規定により明細書等翻訳文が提出された外国語特許出願については当該明細書等翻訳文の提出の後）、遅滞なく、国内公表をしなければならない。

2　国内公表は、次に掲げる事項を特許公報に掲載することにより行う。

一　（略）

二　（略）

三　（略）

四　（略）

五　第百八十四条の四第一項に規定する明細書及び図面の中の説明の翻訳文に記載した事項、同項に規定する請求の範囲の翻訳文（同条第二項に規定する翻訳文が提出された場合にあつては、当該翻訳文）及び同条第六項に規定する翻訳文に記載した事項、図面（図面の中の説明を除く。）の内容並びに要約の翻訳文に記載した事項（特許公報に掲載することが公の秩序又は善良の風俗を害するおそれがあると特許庁長官が認めるものを除く。）

六　（略）

七　（略）

3　（略）

4　（略）

5　（略）

6　（略）

7　（略）

（在外者の特許管理人の特例）

第一八四条の一一　（略）

されているものについては、出願審査の請求の後）、遅滞なく、国内公表をしなければならない。

2　国内公表は、次に掲げる事項を特許公報に掲載することにより行う。

一　（略）

二　（略）

三　（略）

四　（略）

五　第百八十四条の四第一項に規定する明細書及び図面の中の説明の翻訳文に記載した事項、同項に規定する請求の範囲の翻訳文（同条第二項に規定する翻訳文が提出された場合にあつては、当該翻訳文）及び同条第四項に規定する翻訳文に記載した事項、図面（図面の中の説明を除く。）の内容並びに要約の翻訳文に記載した事項（特許公報に掲載することが公の秩序又は善良の風俗を害するおそれがあると特許庁長官が認めるものを除く。）

六　（略）

七　（略）

3　（略）

4　（略）

5　（略）

6　（略）

7　（略）

（在外者の特許管理人の特例）

第一八四条の一一　（略）

2 （略）

3 （略）

4 第一項に規定する者が、特許管理人により第百八十四条の四第四項の規定による手続をしたときは、前二項の規定は、適用しない。

（補正の特例）

第一八四条の一二 日本語特許出願については第百八十四条の五第一項（書面の提出及び補正命令）の規定による手続をし、かつ、第百九十五条第二項（手数料）の規定により納付すべき手数料を納付した後、外国語特許出願については第百八十四条の四第一項及び第百八十四条の五第一項（書面の提出及び補正命令）又は第四項の規定による手続をし、かつ、第百九十五条第二項の規定により納付すべき手数料を納付した後であつて国内処理基準時を経過した後でなければ、第十七条第一項本文の規定にかかわらず、手続の補正（第百八十四条の七第二項〔日本語特許出願に係る条約第十九条に基づく補正〕及び第百八十四条の八第二項〔条約第三十四条に基づく補正〕に規定する補正を除く。）をすることができない。

2 外国語特許出願に係る明細書、特許請求の範囲又は図面について補正ができる範囲については、第十七条の二第二項中「第三十六条の二第二項の外国語書面出願」とあるのは「第百八十四条の四第一項の外国語特許出願」と、同条第三項中「願書に最初に添付した明細書、特許請求の範囲又は図面（第三十六条の二第二項の外国語書面出願にあつては、同条第六項の規定により明細書、特許請求の範囲及び図面とみなされた同条第二項に規定する外国語書面の翻訳文（誤訳訂正書を提出して明細書、特許請求の範囲又は図面について補正をした場合に

---

2 （略）

3 （略）

（補正の特例）

第一八四条の一二 日本語特許出願については第百八十四条の五第一項（書面の提出及び補正命令）の規定による手続をし、かつ、第百九十五条第二項（手数料）の規定により納付すべき手数料を納付した後、外国語特許出願については第百八十四条の四第一項及び第百八十四条の五第一項（書面の提出及び補正命令）の規定による手続をし、かつ、第百九十五条第二項の規定により納付すべき手数料を納付した後であつて国内処理基準時を経過した後でなければ、第十七条第一項本文の規定にかかわらず、手続の補正（第百八十四条の七第二項〔日本語特許出願に係る条約第十九条に基づく補正〕及び第百八十四条の八第二項〔条約第三十四条に基づく補正〕に規定する補正を除く。）をすることができない。

2 外国語特許出願に係る明細書、特許請求の範囲又は図面について補正ができる範囲については、第十七条の二第二項中「第三十六条の二第二項の外国語書面出願」とあるのは「第百八十四条の四第一項の外国語特許出願」と、同条第三項中「願書に最初に添付した明細書、特許請求の範囲又は図面（第三十六条の二第二項の外国語書面出願にあつては、同条第四項の規定により明細書、特許請求の範囲及び図面とみなされた同条第二項に規定する外国語書面の翻訳文（誤訳訂正書を提出して明細書、特許請求の範囲又は図面について補正をした場合に

あつては、翻訳文又は当該補正後の明細書、特許請求の範囲若しくは図面）。第三十四条の二第一項及び第三十四条の三第一項において同じ。）」とあるのは「第百八十四条の四第一項の国際出願日（以下この項において「国際出願日」という。）における第百八十四条の三第二項の国際特許出願（以下この項において「国際特許出願」という。）の明細書若しくは図面（図面の中の説明に限る。）の第百八十四条の四第一項の翻訳文、国際出願日における国際特許出願の請求の範囲の同項の翻訳文（同条第二項又は第六項の規定により千九百七十年六月十九日にワシントンで作成された特許協力条約第十九条（1）の規定に基づく補正後の請求の範囲の翻訳文が提出された場合にあつては、当該翻訳文）又は国際出願日における国際特許出願の図面（図面の中の説明を除く。）（以下この項において「翻訳文等」という。）（誤訳訂正書を提出して明細書、特許請求の範囲又は図面について補正をした場合にあつては、翻訳文等又は当該補正後の明細書、特許請求の範囲若しくは図面）」とする。

3 （略）

（特許原簿への登録の特例）

第一八四条の一二の二　日本語特許出願については第百八十四条の五第一項の規定による手続をし、かつ、第百九十五条第二項の規定により納付すべき手数料を納付した後、外国語特許出願については第百八十四条の四第一項又は第四項及び第百八十四条の五第一項の規定による手続をし、かつ、第百九十五条第二項の規定により納付すべき手数料を納付した後であつて国内処理基準時を経過した後でなければ、第二十七条第一項第四号の規定にかかわらず、仮専用実施権の登録を受けることができない。

あつては、翻訳文又は当該補正後の明細書、特許請求の範囲若しくは図面）」とあるのは「第百八十四条の四第一項の国際出願日（以下この項において「国際出願日」という。）における第百八十四条の三第二項の国際特許出願（以下この項において「国際特許出願」という。）の明細書若しくは図面（図面の中の説明に限る。）の第百八十四条の四第一項の翻訳文、国際出願日における国際特許出願の請求の範囲の同項の翻訳文（同条第二項又は第四項の規定により千九百七十年六月十九日にワシントンで作成された特許協力条約第十九条（1）の規定に基づく補正後の請求の範囲の翻訳文が提出された場合にあつては、当該翻訳文）又は国際出願日における国際特許出願の図面（図面の中の説明を除く。）（以下この項において「翻訳文等」という。）（誤訳訂正書を提出して明細書、特許請求の範囲又は図面について補正をした場合にあつては、翻訳文等又は当該補正後の明細書、特許請求の範囲若しくは図面）」とする。

3 （略）

（特許原簿への登録の特例）

第一八四条の一二の二　日本語特許出願については第百八十四条の五第一項の規定による手続をし、かつ、第百九十五条第二項の規定により納付すべき手数料を納付した後、外国語特許出願については第百八十四条の四第一項及び第百八十四条の五第一項の規定による手続をし、かつ、第百九十五条第二項の規定により納付すべき手数料を納付した後であつて国内処理基準時を経過した後でなければ、第二十七条第一項第四号の規定にかかわらず、仮専用実施権又は仮通常実施権の登録を受けることができない。

（発明の新規性の喪失の例外の特例）

第一八四条の一四　第三十条第二項（発明の新規性の喪失の例外）の規定の適用を受けようとする国際特許出願の出願人は、その旨を記載した書面及び第二十九条第一項各号のいずれかに該当するに至つた発明が第三十条第二項の規定の適用を受けることができる発明であることを証明する書面を、同条第三項の規定にかかわらず、国内処理基準時の属する日後経済産業省令で定める期間内に特許庁長官に提出することができる。

（特許出願等に基づく優先権主張の特例）

第一八四条の一五　（略）

2　（略）

3　（略）

4　第四十一条第一項（特許出願等に基づく優先権主張）の先の出願が国際特許出願又は実用新案法第四十八条の三第二項の国際実用新案登録出願である場合における第四十一条第一項から第三項まで及び第四十二条第一項の規定の適用については、第四十一条第一項及び第二項中「願書に最初に添付した明細書、特許請求の範囲若しくは実用新案登録請求の範囲又は図面」とあるのは「第百八十四条の四第一項又は実用新案法第四十八条の四第一項の国際出願日における国際出願の明細書、請求の範囲又は図面」と、同条第三項中「先の出願の願書に最初に添付した明細書、特許請求の範囲若しくは実用新案登録請求の範囲又は図面」とあるのは「先の出願の第百八十四条の四第一項又は実用新案法第四十八条の四第一項　の国際出願日における国際出願の明細書、請求の範囲又は図面」と、「について出願公開」とあるのは「について千九百七十年六月十九日にワシント

（発明の新規性の喪失の例外の特例）

第一八四条の一四　第三十条第一項（発明の新規性の喪失の例外）又は第三項の規定の適用を受けようとする国際特許出願の出願人は、その旨を記載した書面及び第二十九条第一項各号の一に該当するに至つた発明が第三十条第一項又は第三項の規定の適用を受けることができる発明であることを証明する書面を、同条第四項の規定にかかわらず、国内処理基準時の属する日後経済産業省令で定める期間内に特許庁長官に提出することができる。

（特許出願等に基づく優先権主張の特例）

第一八四条の一五　（略）

2　（略）

3　（略）

4　第四十一条第一項（特許出願等に基づく優先権主張）の先の出願が国際特許出願又は実用新案法第四十八条の三第二項の国際実用新案登録出願である場合における第四十一条第一項から第三項まで及び第四十二条第一項の規定の適用については、第四十一条第一項及び第二項中「願書に最初に添付した明細書、特許請求の範囲若しくは実用新案登録請求の範囲又は図面」とあるのは「第百八十四条の四第一項又は実用新案法第四十八条の四第一項の国際出願日における国際出願の明細書、請求の範囲又は図面」と、同条第三項中「先の出願の願書に最初に添付した明細書、特許請求の範囲若しくは実用新案登録請求の範囲又は図面」とあるのは「先の出願の第百八十四条の四第一項又は実用新案法第四十八条の四第一項　の国際出願日における国際出願の明細書、請求の範囲又は図面」と、「について出願公開」とあるのは「について千九百七十年六月十九日にワシント

ンで作成された特許協力条約第二十一条に規定する国際公開と、第四十二条第一項中「その出願の日から一年三月を経過した時」とあるのは「第百八十四条の四第六項若しくは実用新案法第四十八条の四第六項の国内処理基準時又は第百八十四条の四第一項若しくは同法第四十八条の四第一項の国際出願日から一年三月を経過した時のいずれか遅い時」とする。

（出願の変更の特例）

第一八四条の一六　実用新案法第四十八条の三第一項又は第四十八条の十六第四項の規定により実用新案登録出願とみなされた国際出願の特許出願への変更については、同法第四十八条の五第四項の日本語実用新案登録出願にあつては同条第一項、同法第四十八条の四第一項の外国語実用新案登録出願にあつては同項又は同条第四項及び同法第四十八条の五第一項の規定による手続をし、かつ、同法第五十四条第二項の規定により納付すべき手数料を納付した後（同法第四十八条の十六第四項の規定により実用新案登録出願とみなされた国際出願については、同項に規定する決定の後）でなければすることができない。

（出願審査の請求の時期の制限）

第一八四条の一七　国際特許出願の出願人は、日本語特許出願にあつては第百八十四条の五第一項、外国語特許出願にあつては第百八十四条の四第一項又は第四項及び第百八十四条の五第一項の規定による手続をし、かつ、第百九十五条第二項の規定により納付すべき手数料を納付した後、国際特許出願の出願人以外の者は、国内書面提出期間（第百八十四条の四第一項ただし書の外国語特許出願にあつては、翻訳文提出特例期間）の経過後でなければ、国際特許出願についての出願審査の請求をする

ンで作成された特許協力条約第二十一条に規定する国際公開と、第四十二条第一項中「その出願の日から一年三月を経過した時」とあるのは「第百八十四条の四第四項若しくは実用新案法第四十八条の四第四項の国内処理基準時又は第百八十四条の四第一項若しくは同法第四十八条の四第一項の国際出願日から一年三月を経過した時のいずれか遅い時」とする。

（出願の変更の特例）

第一八四条の一六　実用新案法第四十八条の三第一項又は第四十八条の十六第四項の規定により実用新案登録出願とみなされた国際出願の特許出願への変更については、同法第四十八条の五第四項の日本語実用新案登録出願にあつては同条第一項、同法第四十八条の四第一項の外国語実用新案登録出願にあつては同項及び同法第四十八条の五第一項の規定による手続をし、かつ、同法第五十四条第二項の規定により納付すべき手数料を納付した後（同法第四十八条の十六第四項の規定により実用新案登録出願とみなされた国際出願については、同項に規定する決定の後）でなければすることができない。

（出願審査の請求の時期の制限）

第一八四条の一七　国際特許出願の出願人は、日本語特許出願にあつては第百八十四条の五第一項、外国語特許出願にあつては第百八十四条の四第一項及び第百八十四条の五第一項の規定による手続をし、かつ、第百九十五条第二項の規定により納付すべき手数料を納付した後、国際特許出願の出願人以外の者は、国内書面提出期間（第百八十四条の四第一項ただし書の外国語特許出願にあつては、翻訳文提出特例期間）の経過後でなければ、国際特許出願についての出願審査の請求をすることができ

ことができない。

（訂正の特例）

第一八四条の一九　外国語特許出願に係る第百三十四条の二第一項の規定による訂正及び訂正審判の請求については、第百二十六条第五項中「外国語書面出願」とあるのは「第百八十四条の四第一項の外国語特許出願」と、「外国語書面」とあるのは「第百八十四条の四第一項の国際出願日における国際出願の明細書、請求の範囲又は図面」とする。

（二以上の請求項に係る特許又は特許権についての特則）

第一八五条　二以上の請求項に係る特許又は特許権についての第二十七条第一項第一号、第六十五条第五項（第百八十四条の十第二項において準用する場合を含む。）、第八十条第一項、第九十七条第一項、第九十八条第一項第一号、第百十一条第一項第二号、第百二十三条第三項、第百二十五条、第百二十六条第八項（第百三十四条の二第九項において準用する場合を含む。）、第百二十八条（第百三十四条の二第九項において準用する場合を含む。）、第百三十二条第一項（第百七十四条第二項において準用する場合を含む。）、第百七十五条、第百七十六条若しくは第百九十三条第二項第四号又は実用新案法第二十条第一項の規定の適用については、請求項ごとに特許がされ、又は特許権があるものとみなす。

（証明等の請求）

第一八六条　何人も、特許庁長官に対し、特許に関し、証明、書類の謄本若しくは抄本の交付、書類の閲覧若しくは謄写又は特許原簿のうち磁気テープをもつて調製した部分に記録されてい

ない。

（訂正の特例）

第一八四条の一九　外国語特許出願に係る第百三十四条の二第一項の規定による訂正及び訂正審判の請求については、第百二十六条第三項中「外国語書面出願」とあるのは「第百八十四条の四第一項の外国語特許出願」と、「外国語書面」とあるのは「第百八十四条の四第一項の国際出願日における国際出願の明細書、請求の範囲又は図面」とする。

（二以上の請求項に係る特許又は特許権についての特則）

第一八五条　二以上の請求項に係る特許又は特許権についての第二十七条第一項第一号、第六十五条第五項（第百八十四条の十第二項において準用する場合を含む。）、第八十条第一項、第九十七条第一項、第九十八条第一項第一号、第百十一条第一項第二号、第百二十三条第三項、第百二十五条、第百二十六条第六項（第百三十四条の二第五項において準用する場合を含む。）、第百三十二条第一項（第百七十四条第二項において準用する場合を含む。）、第百七十五条、第百七十六条若しくは第百九十三条第二項第四号又は実用新案法第二十条第一項の規定の適用については、請求項ごとに特許がされ、又は特許権があるものとみなす。

（証明等の請求）

第一八六条　何人も、特許庁長官に対し、特許に関し、証明、書類の謄本若しくは抄本の交付、書類の閲覧若しくは謄写又は特許原簿のうち磁気テープをもつて調製した部分に記録されてい

る事項を記載した書類の交付を請求することができる。ただし、次に掲げる書類については、特許庁長官が秘密を保持する必要があると認めるときは、この限りでない。

一　（略）

二　（略）

三　（略）

四　（略）

五　（略）

2　特許庁長官は、前項第一号から第四号までに掲げる書類について、同項本文の請求を認めるときは、当該書類を提出した者に対し、その旨及びその理由を通知しなければならない。

3　（略）

4　（略）

る事項を記載した書類の交付（第三項において「証明等」という。）を請求することができる。ただし、次に掲げる書類については、特許庁長官が秘密を保持する必要があると認めるときは、この限りでない。

一　（略）

二　（略）

三　（略）

四　（略）

五　（略）

2　特許庁長官は、前項第一号から第四号までに掲げる書類について、同項本文の請求を認めるときは、当該書類を提出した者に対し、その旨及びその理由を通知しなければならない。

3　特許庁長官は、第一項ただし書に規定する場合のほか、同項本文の請求に係る特許に関する書類又は特許原簿のうち磁気テープをもつて調製した部分に記録されている事項に、通常実施権又は仮通常実施権に係る情報であつて、開示することにより、通常実施権については特許権者、専用実施権者又は通常実施権者の利益を害するおそれがあるものとして政令で定めるものが、仮通常実施権については特許を受ける権利を有する者、仮専用実施権者又は仮通常実施権者の利益を害するおそれがあるものとして政令で定めるものが含まれる場合には、当該情報に該当する部分についての証明等は行わないものとする。ただし、通常実施権又は仮通常実施権について利害関係を有する者が利害関係を有する部分について請求した場合として政令で定める場合に該当するときは、この限りでない。

4　（略）

5　（略）

（手数料）

第一九五条　（略）

2　（略）

3　（略）

4　（略）

5　（略）

6　（略）

7　（略）

8　（略）

9　出願審査の請求をした後において、次に掲げる命令、通知又は査定の謄本の送達のいずれかがあるまでの間にその特許出願が放棄され、又は取り下げられたときは、第二項の規定により納付すべき出願審査の請求の手数料を納付した者の請求により政令で定める額を返還する。

一　第三十九条第六項〔先願〕の規定による命令

二　（略）

三　（略）

四　（略）

10　（略）

11　（略）

12　（略）

（出願審査の請求の手数料の減免）

第一九五条の二　特許庁長官は、自己の特許出願について出願審査の請求をする者であつて資力を考慮して政令で定める要件に該当する者が、出願審査の請求の手数料を納付することが困難であると認めるときは、政令で定めるところにより、前条第二項の規定により納付すべき出願審査の請求の手数料を軽減し、

（手数料）

第一九五条　（略）

2　（略）

3　（略）

4　（略）

5　（略）

6　（略）

7　（略）

8　（略）

9　出願審査の請求をした後において、次に掲げる命令、通知又は査定の謄本の送達のいずれかがあるまでの間にその特許出願が放棄され、又は取り下げられたときは、第二項の規定により納付すべき出願審査の請求の手数料を納付した者の請求により政令で定める額を返還する。

一　第三十九条第七項〔先願〕の規定による命令

二　（略）

三　（略）

四　（略）

10　（略）

11　（略）

12　（略）

（出願審査の請求の手数料の減免）

第一九五条の二　特許庁長官は、次に掲げる者であつて資力に乏しい者として政令で定める要件に該当する者が、出願審査の請求の手数料を納付することが困難であると認めるときは、政令で定めるところにより、自己の特許出願について前条第二項の規定により納付すべき出願審査の請求の手数料を軽減し、又は

又は免除することができる。

（行政不服審査法による不服申立ての制限）

第一九五条の四　査定又は審決及び審判若しくは再審の又は第百三十四条の二第一項の訂正の請求書の却下の決定並びにこの法律の規定により不服を申し立てることができないこととされている処分については、行政不服審査法による不服申立てをすることができない。

別表（第百九十五条関係）

	納付しなければならない者	金額
一	（略）	（略）
二	（略）	（略）
三	（略）	（略）
四	（略）	（略）
五	（略）	（略）
六	（略）	（略）
七	（略）	（略）
八	（略）	（略）
九	（略）	（略）
十	（略）	（略）
十一	（略）	（略）

免除することができる。

一　その発明の発明者又はその相続人

二　その発明が第三十五条第一項の従業者等がした職務発明であつて、契約、勤務規則その他の定めによりあらかじめ使用者等に特許を受ける権利を承継させることが定められている場合において、その従業者等から特許を受ける権利を承継した使用者等

（行政不服審査法による不服申立ての制限）

第一九五条の四　査定又は審決及び審判又は再審の請求書の却下の決定並びにこの法律の規定により不服を申し立てることができないこととされている処分については、行政不服審査法による不服申立てをすることができない。

別表（第百九十五条関係）

	納付しなければならない者	金額
一	（略）	（略）
二	（略）	（略）
三	（略）	（略）
四	（略）	（略）
五	（略）	（略）
六	（略）	（略）
七	（略）	（略）
八	（略）	（略）
九	（略）	（略）
十	（略）	（略）
十一	（略）	（略）

十二	（略）	（略）
一三	明細書、特許請求の範囲又は図面の訂正の請求をする者	一件につき四万九千五百円に一請求項につき五千五百円を加えた額
一四	（略）	（略）

十二	（略）	（略）
一三	明細書、特許請求の範囲又は図面の訂正の請求をする者（その訂正の請求をすることにより、第百三十四条の三第四項の規定に基づき訂正審判の請求が取り下げられたものとみなされる場合を除く。）	一件につき四万九千五百円に一請求項につき五千五百円を加えた額
一四	（略）	（略）

○実用新案法（第二条関係）

改正	現行
（実用新案登録を受けることができない考案） 第四条　（略） （仮通常実施権） 第四条の二　実用新案登録を受ける権利を有する者は、その実用新案登録を受ける権利に基づいて取得すべき実用新案権について、その実用新案登録出願の願書に最初に添付した明細書、実用新案登録請求の範囲又は図面に記載した事項の範囲内において、他人に仮通常実施権を許諾することができる。 2　前項の規定による仮通常実施権に係る実用新案登録出願について実用新案権の設定の登録があつたときは、当該仮通常実施権を有する者に対し、その実用新案権について、当該仮通常実施権の設定行為で定めた範囲内において、通常実施権が許諾されたものとみなす。 3　特許法第三十三条第二項及び第三項、第三十四条の三第四項から第六項まで及び第八項から第十項まで並びに第三十四条の五の規定は、仮通常実施権に準用する。この場合において、同法第三十四条の三第八項中「実用新案法第四条の二第一項の規定による仮通常実施権に係る実用新案登録出願について、第四十六条第一項」とあるのは「第一項又は前条第四項の規定による仮通常実施権に係る特許出願について、実用新案法第十条第一項」と、同条第九項中「第四十六条第二項」とあるのは「実用新案法第十条第二項」と読み替えるものとする。	（実用新案登録を受けることができない考案） 第四条　（略）

（先願）

第七条　（略）

2　（略）

3　（略）

4　（略）

5　（略）

6　（略）

（実用新案登録出願等に基づく優先権主張）

第八条　実用新案登録を受けようとする者は、次に掲げる場合を除き、その実用新案登録出願に係る考案について、その者が実用新案登録又は特許を受ける権利を有する実用新案登録出願又は特許出願であつて先にされたもの（以下「先の出願」という。）の願書に最初に添付した明細書、実用新案登録請求の範囲若しくは特許請求の範囲又は図面（先の出願が特許法第三十六条の二第二項の外国語書面出願である場合にあつては、同条第一項の外国語書面）に記載された考案に基づいて優先権を主張することができる。ただし、先の出願について仮専用実施権を有する者があるときは、その実用新案登録出願の際に、その承諾を得ている場合に限る。

一　（略）

二　（略）

（先願）

第七条　（略）

2　（略）

3　（略）

4　（略）

5　（略）

6　考案者又は発明者でない者であつて実用新案登録を受ける権利又は特許を受ける権利を承継しないものがした実用新案登録出願又は特許出願は、第一項から第三項までの規定の適用については、実用新案登録出願又は特許出願でないものとみなす。

7　（略）

（実用新案登録出願等に基づく優先権主張）

第八条　実用新案登録を受けようとする者は、次に掲げる場合を除き、その実用新案登録出願に係る考案について、その者が実用新案登録又は特許を受ける権利を有する実用新案登録出願又は特許出願であつて先にされたもの（以下「先の出願」という。）の願書に最初に添付した明細書、実用新案登録請求の範囲若しくは特許請求の範囲又は図面（先の出願が特許法第三十六条の二第二項の外国語書面出願である場合にあつては、同条第一項の外国語書面）に記載された考案に基づいて優先権を主張することができる。ただし、先の出願について仮専用実施権又は登録した仮通常実施権を有する者があるときは、その実用新案登録出願の際に、これらの者の承諾を得ている場合に限る。

一　（略）

二　（略）

三 （略）

四 （略）

五 （略）

2 前項の規定による優先権の主張を伴う実用新案登録出願に係る考案のうち、当該優先権の主張の基礎とされた先の出願の願書に最初に添付した明細書、実用新案登録請求の範囲若しくは特許請求の範囲又は図面（当該先の出願が特許法第三十六条の二第二項の外国語書面出願である場合にあつては、同条第一項の外国語書面）に記載された考案（当該先の出願が前項若しくは同法第四十一条第一項の規定による優先権の主張又は同法第四十三条第一項若しくは第四十三条の二第一項若しくは第二項（第十一条第一項において準用する場合を含む。）の規定による優先権の主張を伴う出願である場合には、当該先の出願についての優先権の主張の基礎とされた出願に係る出願の際の書類（明細書、実用新案登録請求の範囲若しくは特許請求の範囲又は図面に相当するものに限る。）に記載された考案を除く。）についての第三条、第三条の二本文、前条第一項から第三項まで、第十一条第一項において準用する同法第三十条第一項〔発明の新規性の喪失の例外〕及び第二項、第十七条、第二十六条において準用する同法第六十九条第二項第二号〔発明の新規性の喪失の例外〕、同法第七十九条〔先使用による通常実施権〕、同法第八十一条〔意匠権の存続期間満了後の通常実施権〕及び同法第八十二条第一項並びに同法第三十九条第三項〔先願〕及び第四項並びに第七十二条〔他人の特許発明等との関係〕、意匠法（昭和三十四年法律第百二十五号）第二十六条〔他人の登録意匠等との関係〕、第三十一条第二項〔意匠権等の存続期間満了後の通常実施権〕及び第三十二条第二項並びに商標法（昭和三十四年法律第百二十七号）第二十九条〔他人の特許権等と

三 （略）

四 （略）

五 （略）

2 前項の規定による優先権の主張を伴う実用新案登録出願に係る考案のうち、当該優先権の主張の基礎とされた先の出願の願書に最初に添付した明細書、実用新案登録請求の範囲若しくは特許請求の範囲又は図面（当該先の出願が特許法第三十六条の二第二項の外国語書面出願である場合にあつては、同条第一項の外国語書面）に記載された考案（当該先の出願が前項若しくは同法第四十一条第一項の規定による優先権の主張又は同法第四十三条第一項若しくは第四十三条の二第一項若しくは第二項（第十一条第一項において準用する場合を含む。）の規定による優先権の主張を伴う出願である場合には、当該先の出願についての優先権の主張の基礎とされた出願に係る出願の際の書類（明細書、実用新案登録請求の範囲若しくは特許請求の範囲又は図面に相当するものに限る。）に記載された考案を除く。）についての第三条、第三条の二本文、前条第一項から第三項まで、第十一条第一項において準用する同法第三十条第一項〔発明の新規性の喪失の例外〕から第三項まで、第十七条、第二十六条において準用する同法第六十九条第二項第二号〔発明の新規性の喪失の例外〕、同法第七十九条〔先使用による通常実施権〕、同法第八十一条〔意匠権の存続期間満了後の通常実施権〕及び同法第八十二条第一項並びに同法第三十九条第三項〔先願〕及び第四項並びに第七十二条〔他人の特許発明等との関係〕、意匠法（昭和三十四年法律第百二十五号）第二十六条〔他人の登録意匠等との関係〕、第三十一条第二項〔意匠権等の存続期間満了後の通常実施権〕及び第三十二条第二項並びに商標法（昭和三十四年法律第百二十七号）第二十九条〔他人の特許権等と

の関係〕並びに第三十三条の二第三項〔特許権等の存続期間満了後の商標の使用をする権利〕及び第三十三条の三第三項（同法第六十八条第三項〔商標に関する規定の準用〕において準用する場合を含む。）の規定の適用については、当該実用新案登録出願は、当該先の出願の時にされたものとみなす。

3 （略）

4 （略）

（出願の変更）

第一〇条 （略）

2 （略）

3 前二項の規定による出願の変更があつたときは、その実用新案登録出願は、その特許出願又は意匠登録出願の時にしたものとみなす。ただし、その実用新案登録出願が第三条の二に規定する他の実用新案登録出願又は特許法第二十九条の二に規定する実用新案登録出願に該当する場合におけるこれらの規定の適用、第八条第四項の規定の適用並びに次条第一項において準用する同法第三十条第三項〔発明の新規性の喪失の例外〕及び第四十三条第一項〔パリ条約による優先権主張の手続〕（次条第一項において準用する同法第四十三条の二第三項において準用する場合を含む。）の規定の適用については、この限りでない。

4 （略）

5 （略）

6 （略）

7 （略）

8 第一項に規定する出願の変更をする場合には、もとの特許出願について提出された書面又は書類であつて、新たな実用新案登録出願について第八条第四項又は次条第一項において準用す

の関係〕並びに第三十三条の二第三項〔特許権等の存続期間満了後の商標の使用をする権利〕及び第三十三条の三第三項（同法第六十八条第三項〔商標に関する規定の準用〕において準用する場合を含む。）の規定の適用については、当該実用新案登録出願は、当該先の出願の時にされたものとみなす。

3 （略）

4 （略）

（出願の変更）

第一〇条 （略）

2 （略）

3 前二項の規定による出願の変更があつたときは、その実用新案登録出願は、その特許出願又は意匠登録出願の時にしたものとみなす。ただし、その実用新案登録出願が第三条の二に規定する他の実用新案登録出願又は特許法第二十九条の二に規定する実用新案登録出願に該当する場合におけるこれらの規定の適用、第八条第四項の規定の適用並びに次条第一項において準用する同法第三十条第四項〔発明の新規性の喪失の例外〕及び第四十三条第一項〔パリ条約による優先権主張の手続〕（次条第一項において準用する同法第四十三条の二第三項において準用する場合を含む。）の規定の適用については、この限りでない。

4 （略）

5 （略）

6 （略）

7 （略）

8 第一項に規定する出願の変更をする場合には、もとの特許出願について提出された書面又は書類であつて、新たな実用新案登録出願について第八条第四項又は次条第一項において準用す

る特許法第三十条第三項若しくは第四十三条第一項及び第二項（次条第一項において準用する同法第四十三条の二第三項において準用する場合を含む。）の規定により提出しなければならないものは、当該新たな実用新案登録出願と同時に特許庁長官に提出されたものとみなす。

9　特許出願人は、その特許出願について仮専用実施権を有する者があるときは、その承諾を得た場合に限り、第一項の規定による出願の変更をすることができる。

10　（略）

（特許法の準用）

第十一条　（略）

2　特許法第三十三条（特許を受ける権利）並びに第三十四条第一項、第二項及び第四項から第七項まで（特許を受ける権利）の規定は、実用新案登録を受ける権利に準用する。

3　（略）

（実用新案技術評価の請求）

第十二条　実用新案登録出願又は実用新案登録については、何人も、特許庁長官に、その実用新案登録出願に係る考案又は登録実用新案に関する技術的な評価であつて、第三条第一項第三号（登録の要件）及び第二項（同号に掲げる考案に係るものに限る。）、第三条の二並びに第七条第一項（先願）から第三項まで及び第六項の規定に係るもの（以下「実用新案技術評価」という。）を請求することができる。この場合において、二以上の請求項に係る実用新案登録出願又は実用新案登録については、

る特許法第三十条第四項若しくは第四十三条第一項及び第二項（次条第一項において準用する同法第四十三条の二第三項において準用する場合を含む。）の規定により提出しなければならないものは、当該新たな実用新案登録出願と同時に特許庁長官に提出されたものとみなす。

9　特許出願人は、その特許出願について仮専用実施権又は登録した仮通常実施権を有する者があるときは、これらの者の承諾を得た場合に限り、第一項の規定による出願の変更をすることができる。

10　（略）

（特許法の準用）

第十一条　（略）

2　特許法第三十三条第一項（特許を受ける権利）から第三項まで並びに第三十四条第一項、第二項及び第四項から第七項まで（特許を受ける権利）の規定は、実用新案登録を受ける権利に準用する。

3　（略）

（実用新案技術評価の請求）

第十二条　実用新案登録出願又は実用新案登録については、何人も、特許庁長官に、その実用新案登録出願に係る考案又は登録実用新案に関する技術的な評価であつて、第三条第一項第三号（登録の要件）及び第二項（同号に掲げる考案に係るものに限る。）、第三条の二並びに第七条第一項（先願）から第三項まで及び第七項の規定に係るもの（以下「実用新案技術評価」という。）を請求することができる。この場合において、二以上の請求項に係る実用新案登録出願又は実用新案登録については、

請求項ごとに請求することができる。

2　（略）

3　（略）

4　（略）

5　（略）

6　（略）

7　（略）

（明細書、実用新案登録請求の範囲又は図面の訂正）

第一四条の二　（略）

2　前項の訂正は、次に掲げる事項を目的とするものに限る。

一　実用新案登録請求の範囲の減縮

二　誤記の訂正

三　明瞭でない記載の釈明

四　他の請求項の記載を引用する請求項の記載を当該他の請求項の記載を引用しないものとすること。

3　（略）

4　（略）

5　（略）

6　（略）

7　実用新案権者は、第一項の訂正をする場合のほか、請求項の削除を目的とするものに限り、願書に添付した明細書、実用新案登録請求の範囲又は図面の訂正をすることができる。ただし、実用新案登録無効審判が特許庁に係属している場合において第四十一条において準用する特許法第百五十六条第一項（審理の終結の通知）の規定による通知があつた後（同条第三項の規定による審理の再開がされた場合にあつては、その後更に同条第一項の規定による通知があつた後）は、願書に添付した明

請求項ごとに請求することができる。

2　（略）

3　（略）

4　（略）

5　（略）

6　（略）

7　（略）

（明細書、実用新案登録請求の範囲又は図面の訂正）

第一四条の二　（略）

2　前項の訂正は、次に掲げる事項を目的とするものに限る。

一　実用新案登録請求の範囲の減縮

二　誤記の訂正

三　明りようでない記載の釈明

3　（略）

4　（略）

5　（略）

6　（略）

7　実用新案権者は、第一項の訂正をする場合のほか、請求項の削除を目的とするものに限り、願書に添付した明細書、実用新案登録請求の範囲又は図面の訂正をすることができる。ただし、実用新案登録無効審判が特許庁に係属している場合において第四十一条において準用する特許法第百五十六条第一項（審理の終結の通知）の規定による通知があつた後（同条第二項の規定による審理の再開がされた場合にあつては、その後更に同条第一項の規定による通知があつた後）は、願書に添付した明

細書、実用新案登録請求の範囲又は図面の訂正をすることができない。

8 （略）

9 （略）

10 （略）

11 （略）

12 （略）

13 （略）

（他人の登録実用新案等との関係）

第十七条 （略）

（実用新案権の移転の特例）

第十七条の二 実用新案登録が第三十七条第一項第二号（登録無効審判）に規定する要件に該当するとき（その実用新案登録が第十一条第一項において準用する特許法第三十八条（共同出願）の規定に違反してされたときに限る。）又は第三十七条第一項第五号に規定する要件に該当するときは、当該実用新案登録に係る考案について実用新案登録を受ける権利を有する者は、経済産業省令で定めるところにより、その実用新案権者に対し、当該実用新案権の移転を請求することができる。

2 前項の規定による請求に基づく実用新案権の移転の登録があつたときは、その実用新案権は、初めから当該登録を受けた者に帰属していたものとみなす。

3 共有に係る実用新案権について第一項の規定による請求に基づきその持分を移転する場合においては、第二十六条において準用する特許法第七十三条第一項（共有に係る特許権）の規定は、適用しない。

細書、実用新案登録請求の範囲又は図面の訂正をすることができない。

8 （略）

9 （略）

10 （略）

11 （略）

12 （略）

13 （略）

（他人の登録実用新案等との関係）

第十七条 （略）

（通常実施権）

第一九条　（略）

2　（略）

3　特許法第七十三条第一項（共有）、第九十七条第三項（放棄）及び第九十九条（通常実施権の対抗力）の規定は、通常実施権に準用する。

（無効審判の請求登録前の実施による通常実施権）

第二〇条　次の各号のいずれかに該当する者であつて、特許法第百二十三条第一項の特許無効審判（以下この項において単に「特許無効審判」という。）の請求の登録前に、特許が同条第一項各号のいずれかに規定する要件に該当することを知らないで、日本国内において当該発明の実施である事業をしているもの又はその事業の準備をしているものは、その実施又は準備をしている発明及び事業の目的の範囲内において、その特許を無効にした場合における実用新案権又はその際現に存する専用実施権について通常実施権を有する。

一　（略）

二　（略）

三　前二号に掲げる場合において、特許無効審判の請求の登録の際現にその無効にした特許に係る特許権についての専用実施権又はその特許権若しくは専用実施権についての通常実施権を有する者

2　（略）

（自己の登録実用新案の実施をするための通常実施権の設定の裁定）

（通常実施権）

第一九条　（略）

2　（略）

3　特許法第七十三条第一項（共有）、第九十七条第三項（放棄）及び第九十九条（登録の効果）の規定は、通常実施権に準用する。

（無効審判の請求登録前の実施による通常実施権）

第二〇条　次の各号のいずれかに該当する者であつて、特許法第百二十三条第一項の特許無効審判（以下この項において単に「特許無効審判」という。）の請求の登録前に、特許が同項各号のいずれかに規定する要件に該当することを知らないで、日本国内において当該発明の実施である事業をしているもの又はその事業の準備をしているものは、その実施又は準備をしている発明及び事業の目的の範囲内において、その特許を無効にした場合における実用新案権又はその際現に存する専用実施権について通常実施権を有する。

一　（略）

二　（略）

三　前二号に掲げる場合において、特許無効審判の請求の登録の際現にその無効にした特許に係る特許権についての専用実施権又はその特許権若しくは専用実施権についての特許法第九十九条第一項〔登録の効果〕の効力を有する通常実施権を有する者

2　（略）

（自己の登録実用新案の実施をするための通常実施権の設定の裁定）

第二二条　（略）

2　（略）

3　（略）

4　（略）

5　（略）

6　（略）

7　特許法第八十四条〔答弁書の提出〕、第八十四条の二〔通常実施権者の意見の陳述〕、第八十五条第一項〔審議会の意見の聴取等〕及び第八十六条から第九十一条の二まで〔裁定の手続等〕の規定は、第三項又は第四項の裁定に準用する。

（公共の利益のための通常実施権の設定の裁定）

第二三条　（略）

2　（略）

3　特許法第八十四条、第八十四条の二、第八十五条第一項及び第八十六条から第九十一条の二まで〔裁定の手続等〕の規定は、前項の裁定に準用する。

（質権）

第二五条　（略）

2　（略）

3　（略）

（特許法の準用）

第二六条　特許法第六十九条第一項〔特許権の効力が及ばない範囲〕及び第二項、第七十条から第七十一条の二まで〔特許権の

第二二条　（略）

2　（略）

3　（略）

4　（略）

5　（略）

6　（略）

7　特許法第八十四条〔答弁書の提出〕、第八十五条第一項〔審議会の意見の聴取等〕及び第八十六条から第九十一条の二まで〔裁定の手続等〕の規定は、第三項又は第四項の裁定に準用する。

（公共の利益のための通常実施権の設定の裁定）

第二三条　（略）

2　（略）

3　特許法第八十四条、第八十五条第一項及び第八十六条から第九十一条の二まで〔裁定の手続等〕の規定は、前項の裁定に準用する。

（質権）

第二五条　（略）

2　（略）

3　（略）

4　特許法第九十九条第三項〔登録の効果〕の規定は、通常実施権を目的とする質権に準用する。

（特許法の準用）

第二六条　特許法第六十九条第一項〔特許権の効力が及ばない範囲〕及び第二項、第七十条から第七十一条の二まで〔特許権の

効力が及ばない範囲及び特許発明の技術的範囲）、第七十三条（共有）、第七十六条（相続人がない場合の特許権の消滅）、第七十九条（先使用による通常実施権）、第七十九条の二（特許権の移転の登録前の実施による通常実施権）、第八十一条、第八十二条（意匠権の存続期間満了後の通常実施権）、第九十七条第一項（放棄）並びに第九十八条第一項第一号及び第二項（登録の効果）の規定は、実用新案権に準用する。

（実用新案権者等の責任）

第二九条の三　実用新案権者又は専用実施権者が侵害者等に対しその権利を行使し、又はその警告をした場合において、実用新案登録を無効にすべき旨の審決（第三十七条第一項第六号に掲げる理由によるものを除く。）が確定したときは、その者は、その権利の行使又はその警告により相手方に与えた損害を賠償する責めに任ずる。ただし、実用新案技術評価書の実用新案技術評価（当該実用新案登録出願に係る考案又は登録実用新案が第三条第一項第三号及び第二項（同号に掲げる考案に係るものに限る。）、第三条の二並びに第七条第一項から第三項まで及び第六項の規定により実用新案登録をすることができない旨の評価を受けたものを除く。）に基づきその権利を行使し、又はその警告をしたとき、その他相当の注意をもつてその権利を行使し、又はその警告をしたときは、この限りでない。

2　（略）

（特許法の準用）

第三〇条　特許法第百四条の二から第百六条まで（具体的態様の明示義務、特許権者等の権利行使の制限、主張の制限、書類の提出等、損害計算のための鑑定、相当な損害額の認定、秘密保

効力が及ばない範囲及び特許発明の技術的範囲）、第七十三条（共有）、第七十六条（相続人がない場合の特許権の消滅）、第七十九条（先使用による通常実施権）、第八十一条、第八十二条（意匠権の存続期間満了後の通常実施権）、第九十七条第一項（放棄）並びに第九十八条第一項第一号及び第二項（登録の効果）の規定は、実用新案権に準用する。

（実用新案権者等の責任）

第二九条の三　実用新案権者又は専用実施権者が侵害者等に対しその権利を行使し、又はその警告をした場合において、実用新案登録を無効にすべき旨の審決（第三十七条第一項第六号に掲げる理由によるものを除く。）が確定したときは、その者は、その権利の行使又はその警告により相手方に与えた損害を賠償する責めに任ずる。ただし、実用新案技術評価書の実用新案技術評価（当該実用新案登録出願に係る考案又は登録実用新案が第三条第一項第三号及び第二項（同号に掲げる考案に係るものに限る。）、第三条の二並びに第七条第一項から第三項まで及び第七項の規定により実用新案登録をすることができない旨の評価を受けたものを除く。）に基づきその権利を行使し、又はその警告をしたとき、その他相当の注意をもつてその権利を行使し、又はその警告をしたときは、この限りでない。

2　（略）

（特許法の準用）

第三〇条　特許法第百四条の二から第百六条まで（具体的態様の明示義務、特許権者等の権利行使の制限、書類の提出等、損害計算のための鑑定、相当な損害額の認定、秘密保持命令、秘密

持命令、秘密保持命令の取消し、訴訟記録の閲覧等の請求の通知等、当事者尋問等の公開停止及び信用回復の措置）の規定は、実用新案権又は専用実施権の侵害に準用する。この場合において、同法第百四条の四中「次に掲げる審決が確定した」とあるのは「第一号に掲げる審決が確定した又は第三号に掲げる訂正があつた」と、「当該審決が確定した」とあるのは「当該審決が確定した又は訂正があつた」と、同条第三号中「訂正をすべき旨の審決」とあるのは「実用新案法第十四条の二第一項又は第七項の訂正」と読み替えるものとする。

（登録料の追納による実用新案権の回復）

第三十三条の二　前条第四項の規定により消滅したものとみなされた実用新案権又は同条第五項の規定により初めから存在しなかつたものとみなされた実用新案権の原実用新案権者は、同条第一項の規定により登録料を追納することができる期間内に同条第四項又は第五項に規定する登録料及び割増登録料を納付することができなかつたことについて正当な理由があるときは、その理由がなくなつた日から二月以内でその期間の経過後一年以内に限り、その登録料及び割増登録料を追納することができる。

2　（略）

（実用新案登録無効審判）

第三十七条　実用新案登録が次の各号のいずれかに該当するときは、その実用新案登録を無効にすることについて実用新案登録無効審判を請求することができる。この場合において、二以上の請求項に係るものについては、請求項ごとに請求することができる。

保持命令の取消し、訴訟記録の閲覧等の請求の通知等、当事者尋問等の公開停止及び信用回復の措置）の規定は、実用新案権又は専用実施権の侵害に準用する。

（登録料の追納による実用新案権の回復）

第三十三条の二　前条第四項の規定により消滅したものとみなされた実用新案権又は同条第五項の規定により初めから存在しなかつたものとみなされた実用新案権の原実用新案権者は、その責めに帰することができない理由により同条第一項の規定により登録料を追納することができる期間内に同条第四項又は第五項に規定する登録料及び割増登録料を納付することができなかつたときは、その理由がなくなつた日から十四日（在外者にあつては、二月）以内でその期間の経過後六月以内に限り、その登録料及び割増登録料を追納することができる。

2　（略）

（実用新案登録無効審判）

第三十七条　実用新案登録が次の各号のいずれかに該当するときは、その実用新案登録を無効にすることについて実用新案登録無効審判を請求することができる。この場合において、二以上の請求項に係るものについては、請求項ごとに請求することができる。

一　（略）

二　その実用新案登録が第二条の五第三項において準用する特許法第二十五条〔外国人の権利の享有〕、第三条〔登録の要件〕、第三条の二、第四条〔実用新案登録を受けることができない考案〕、第七条第一項〔先願〕から第三項まで若しくは第六項又は第十一条第一項において準用する同法第三十八条の規定に違反してされたとき（その実用新案登録が第十一条第一項において準用する同法第三十八条の規定に違反してされた場合にあつては、第十七条の二第一項の規定による請求に基づき、その実用新案登録に係る実用新案権の移転の登録があつたときを除く。）。

三　（略）

四　（略）

五　その実用新案登録がその考案について実用新案登録を受ける権利を有しない者の実用新案登録出願に対してされたとき（第十七条の二第一項の規定による請求に基づき、その実用新案登録に係る実用新案権の移転の登録があつたときを除く。）」を加え、同条第二項ただし書中「利害関係人」を「当該実用新案登録に係る考案について実用新案登録を受ける権利を有する者」

六　（略）

七　（略）

2　実用新案登録無効審判は、何人も請求することができる。ただし、実用新案登録が前項第二号に該当すること（その実用新案登録が第十一条第一項において準用する特許法第三十八条〔共同出願〕の規定に違反してされたときに限る。）又は前項第五号に該当することを理由とするものは、当該実用新案登録に係る考案について実用新案登録を受ける権利を有する者に限り

一　（略）

二　その実用新案登録が第二条の五第三項において準用する特許法第二十五条〔外国人の権利の享有〕、第三条〔登録の要件〕、第三条の二、第四条〔実用新案登録を受けることができない考案〕、第七条第一項〔先願〕から第三項まで若しくは第七項又は第十一条第一項において準用する同法第三十八条の規定に違反してされたとき。

三　（略）

四　（略）

五　その実用新案登録が考案者でない者であつてその考案について実用新案登録を受ける権利を承継しないものの実用新案登録出願に対してされたとき。

六　（略）

七　（略）

2　実用新案登録無効審判は、何人も請求することができる。ただし、実用新案登録が前項第二号に該当すること（その実用新案登録が第十一条第一項において準用する特許法第三十八条〔共同出願〕の規定に違反してされたときに限る。）又は前項第五号に該当することを理由とするものは、利害関係人に限り請求することができる。

請求することができる。

3 （略）

4 （略）

（特許法の準用）

第四十一条　特許法第百二十五条（外国人の権利の享有）、第百三十二条（共同審判、決定による却下、不適法な手続の却下）から第百三十三条の二まで、第百三十五条から第百五十四条まで、第百五十六条第一項（審理の終結の通知）、第三項及び第四項、第百五十七条（審決）、第百六十七条（審決の効力）、第百六十七条の二、第百六十九条第一項（審判における費用の負担）、第二項、第五項及び第六項並びに第百七十条（費用の額の決定の執行力）の規定は、審判に準用する。この場合において、同法第百五十六条第一項中「特許無効審判以外の審判においては、事件が」とあるのは、「事件が」と読み替えるものとする。

（特許法の準用）

第四十五条　特許法第百七十三条（再審の請求期間）、第百七十四条第二項及び第四項（審判の規定等の準用）並びに第百七十六条（再審の請求登録前の実施による通常実施権）の規定は、再審に準用する。この場合において、同法第百七十四条第二項中「第百三十一条第一項、第百三十一条の二第一項本文」とあるのは「実用新案法第三十八条第一項、同法第三十八条の二第一項本文」と、「第百三十四条第一項、第三項及び第四項」とあるのは「同法第三十九条第一項、第三項及び第四項」と、「から第百六十八条まで」とあるのは「、第百六十七条の二、同法第四十条」と読み替えるものとする。

2 （略）

---

3 （略）

4 （略）

（特許法の準用）

第四十一条　特許法第百二十五条（外国人の権利の享有）、第百三十二条（共同審判、決定による却下、不適法な手続の却下）から第百三十三条の二まで、第百三十五条から第百五十四条まで、第百五十六条（審理の終結の通知）、第百五十七条（審決）、第百六十七条（審決の効力）、第百六十九条第一項（審判における費用の負担）、第二項、第五項及び第六項並びに第百七十条（費用の額の決定の執行力）の規定は、審判に準用する。

（特許法の準用）

第四十五条　特許法第百七十三条（再審の請求期間）、第百七十四条第二項及び第四項（審判の規定等の準用）並びに第百七十六条（再審の請求登録前の実施による通常実施権）の規定は、再審に準用する。この場合において、同法第百七十四条第二項中「第百三十一条第一項、第百三十一条の二第一項本文」とあるのは「実用新案法第三十八条第一項、第三十八条の二第一項本文」と、「第百三十四条第一項、第三項及び第四項」とあるのは「第三十九条第一項、第三項及び第四項」と、「第百六十八条」とあるのは「同法第四十条」と読み替えるものとする。

2 （略）

（審決等に対する訴え）

第四七条　（略）

2　特許法第百七十八条第二項から第六項まで（出訴期間等）及び第百七十九条から第百八十二条の二まで（被告適格、出訴の通知等、審決取消訴訟における特許庁長官の意見、審決又は決定の取消し、裁判の正本等の送付及び合議体の構成）の規定は、前項の訴えに準用する。

（外国語でされた国際実用新案登録出願の翻訳文）

第四八条の四　外国語でされた国際実用新案登録出願（以下「外国語実用新案登録出願」という。）の出願人は、条約第二条(xi)の優先日（以下「優先日」という。）から二年六月（以下「国内書面提出期間」という。）以内に、前条第一項に規定する国際出願日（以下「国際出願日」という。）における条約第三条(2)に規定する明細書、請求の範囲、図面（図面の中の説明に限る。以下この条において同じ。）及び要約の日本語による翻訳文を、特許庁長官に提出しなければならない。ただし、国内書面提出期間の満了前二月から満了の日までの間に次条第一項に規定する書面を提出した外国語実用新案登録出願（当該書面の提出の日以前に当該翻訳文を提出したものを除く。）にあつては、当該書面の提出の日から二月（以下「翻訳文提出特例期間」という。）以内に、当該翻訳文を提出することができる。

2　（略）

3　国内書面提出期間（第一項ただし書の外国語実用新案登録出願にあつては、翻訳文提出特例期間。以下この条において同じ。）内に第一項に規定する明細書の翻訳文及び前二項に規定する請求の範囲の翻訳文（以下「明細書等翻訳文」という。）の提出が

（審決等に対する訴え）

第四七条　（略）

2　特許法第百七十八条第二項から第六項まで（出訴期間等）、第百七十九条から第百八十条の二まで（被告適格、出訴の通知及び審決取消訴訟における特許庁長官の意見）、第百八十一条第一項及び第五項（審決又は決定の取消し）、第百八十二条（裁判の正本の送付）並びに第百八十二条の二（合議体の構成）の規定は、前項の訴えに準用する。

（外国語でされた国際実用新案登録出願の翻訳文）

第四八条の四　外国語でされた国際実用新案登録出願（以下「外国語実用新案登録出願」という。）の出願人は、条約第二条(xi)の優先日（以下「優先日」という。）から二年六月（以下「国内書面提出期間」という。）以内に、前条第一項に規定する国際出願日（以下「国際出願日」という。）における条約第三条(2)に規定する明細書、請求の範囲、図面（図面の中の説明に限る。）及び要約の日本語による翻訳文を、特許庁長官に提出しなければならない。ただし、国内書面提出期間の満了前二月から満了の日までの間に次条第一項に規定する書面を提出した外国語実用新案登録出願（当該書面の提出の日以前に当該翻訳文を提出したものを除く。）にあつては、当該書面の提出の日から二月（以下「翻訳文提出特例期間」という。）以内に、当該翻訳文を提出することができる。

2　（略）

3　国内書面提出期間（第一項ただし書の外国語実用新案登録出願にあつては、翻訳文提出特例期間。次項において同じ。）内に第一項に規定する明細書の翻訳文及び前二項に規定する請求の範囲の翻訳文の提出がなかつたときは、その国際実用新案登

なかつたときは、その国際実用新案登録出願は、取り下げられたものとみなす。

4 前項の規定により取り下げられたものとみなされた国際実用新案登録出願の出願人は、国内書面提出期間内に当該明細書等翻訳文を提出することができなかつたことについて正当な理由があるときは、その理由がなくなつた日から二月以内で国内書面提出期間の経過後一年以内に限り、明細書等翻訳文並びに第一項に規定する図面及び要約の翻訳文を特許庁長官に提出することができる。

5 前項の規定により提出された翻訳文は、国内書面提出期間が満了する時に特許庁長官に提出されたものとみなす。

6 （略）

7 （略）

（国際出願に係る願書、明細書等の効力等）

第四八条の六 （略）

2 （略）

3 第四十八条の四第二項〔外国語でされた国際実用新案登録出願の翻訳文〕又は第六項の規定により条約第十九条(1)の規定に基づく補正後の請求の範囲の翻訳文が提出された場合は、前項の規定にかかわらず、当該補正後の請求の範囲の翻訳文を第五条第二項の規定により願書に添付して提出した実用新案登録請求の範囲とみなす。

（実用新案登録出願等に基づく優先権主張の特例）

第四八条の一〇 （略）

2 （略）

3 （略）

録出願は、取り下げられたものとみなす。

4 （略）

5 （略）

（国際出願に係る願書、明細書等の効力等）

第四十八条の六 （略）

2 （略）

3 第四十八条の四第二項〔外国語でされた国際実用新案登録出願の翻訳文〕又は第四項の規定により条約第十九条(1)の規定に基づく補正後の請求の範囲の翻訳文が提出された場合は、前項の規定にかかわらず、当該補正後の請求の範囲の翻訳文を第五条第二項の規定により願書に添付して提出した実用新案登録請求の範囲とみなす。

（実用新案登録出願等に基づく優先権主張の特例）

第四八条の一〇 （略）

2 （略）

3 （略）

4　第八条第一項の先の出願が国際実用新案登録出願又は特許法第百八十四条の三第二項の国際特許出願である場合における第八条第一項から第三項まで及び第九条第一項の規定の適用については、第八条第一項及び第二項中「願書に最初に添付した明細書、実用新案登録請求の範囲若しくは特許請求の範囲又は図面」とあるのは「第四十八条の四第一項又は特許法第百八十四条の四第一項の国際出願日における国際出願の明細書、請求の範囲又は図面」と、同条第三項中「先の出願の願書に最初に添付した明細書、実用新案登録請求の範囲若しくは特許請求の範囲又は図面」とあるのは「先の出願の第四十八条の四第一項又は特許法第百八十四条の四第一項の国際出願日における国際出願の明細書、請求の範囲又は図面」と、「出願公開」とあるのは「千九百七十年六月十九日にワシントンで作成された特許協力条約第二十一条に規定する国際公開」と、第九条第一項中「その出願の日から一年三月を経過した時」とあるのは「第四十八条の四第六項若しくは特許法第百八十四条の四第六項の国内処理基準時又は第四十八条の四第一項若しくは同法第百八十四条の四第一項の国際出願日から一年三月を経過した時のいずれか遅い時」とする。

（出願の変更の特例）

第四八条の一一　特許法第百八十四条の三第一項又は第百八十四条の二十第四項の規定により特許出願とみなされた国際出願の実用新案登録出願への変更については、同法第百八十四条の六第二項の日本語特許出願にあつては同法第百八十四条の五第一項、同法第百八十四条の四第一項の外国語特許出願にあつては同項又は同条第四項及び同法第百八十四条の五第一項の規定による手続をし、かつ、同法第百九十五条第二項の規定により納

4　第八条第一項の先の出願が国際実用新案登録出願又は特許法第百八十四条の三第二項の国際特許出願である場合における第八条第一項から第三項まで及び第九条第一項の規定の適用については、第八条第一項及び第二項中「願書に最初に添付した明細書、実用新案登録請求の範囲若しくは特許請求の範囲又は図面」とあるのは「第四十八条の四第一項又は特許法第百八十四条の四第一項の国際出願日における国際出願の明細書、請求の範囲又は図面」と、同条第三項中「先の出願の願書に最初に添付した明細書、実用新案登録請求の範囲若しくは特許請求の範囲又は図面」とあるのは「先の出願の第四十八条の四第一項又は特許法第百八十四条の四第一項の国際出願日における国際出願の明細書、請求の範囲又は図面」と、「出願公開」とあるのは「千九百七十年六月十九日にワシントンで作成された特許協力条約第二十一条に規定する国際公開」と、第九条第一項中「その出願の日から一年三月を経過した時」とあるのは「第四十八条の四第四項若しくは特許法第百八十四条の四第四項の国内処理基準時又は第四十八条の四第一項若しくは同法第百八十四条の四第一項の国際出願日から一年三月を経過した時のいずれか遅い時」とする。

（出願の変更の特例）

第四八条の一一　特許法第百八十四条の三第一項又は第百八十四条の二十第四項の規定により特許出願とみなされた国際出願の実用新案登録出願への変更については、同法第百八十四条の六第二項の日本語特許出願にあつては同法第百八十四条の五第一項、同法第百八十四条の四第一項の外国語特許出願にあつては同項及び同法第百八十四条の五第一項の規定による手続をし、かつ、同法第百九十五条第二項の規定により納付すべき手数料

付すべき手数料を納付した後（同法第百八十四条の二十第四項の規定により特許出願とみなされた国際出願については、同項に規定する決定の後）でなければすることができない。

（登録料の納付期限の特例）

第四八条の一二　国際実用新案登録出願の第一年から第三年までの各年分の登録料の納付については、第三十二条第一項中「実用新案登録出願と同時」とあるのは、「第四十八条の四第一項に規定する国内書面提出期間内（同条第六項に規定する国内処理の請求をした場合にあつては、その国内処理の請求の時まで）」とする。

（実用新案技術評価の請求の時期の制限）

第四八条の一三　国際実用新案登録出願に係る実用新案技術評価の請求については、第十二条第一項（実用新案技術評価の請求）中「何人も」とあるのは、「第四十八条の四第六項に規定する国内処理基準時を経過した後、何人も」とする。

（実用新案原簿への登録）

第四九条　次に掲げる事項は、特許庁に備える実用新案原簿に登録する。

一　（略）

二　専用実施権、保存、移転、変更、消滅又は処分の制限

三　実用新案権、又は専用実施権を目的とする質権の設定、移転、変更、消滅又は処分の制限

2　（略）

3　（略）

を納付した後（同法第百八十四条の二十第四項の規定により特許出願とみなされた国際出願については、同項に規定する決定の後）でなければすることができない。

（登録料の納付期限の特例）

第四八条の一二　国際実用新案登録出願の第一年から第三年までの各年分の登録料の納付については、第三十二条第一項中「実用新案登録出願と同時」とあるのは「第四十八条の四第一項に規定する国内書面提出期間内（同条第四項に規定する国内処理の請求をした場合にあつては、その国内処理の請求の時まで）」とする。

（実用新案技術評価の請求の時期の制限）

第四八条の一三　国際実用新案登録出願に係る実用新案技術評価の請求については、第十二条第一項（実用新案技術評価の請求）中「何人も」とあるのは、「第四十八条の四第四項に規定する国内処理基準時を経過した後、何人も」とする。

（実用新案原簿への登録）

第四九条　次に掲げる事項は、特許庁に備える実用新案原簿に登録する。

一　（略）

二　専用実施権又は通常実施権の設定、保存、移転、変更、消滅又は処分の制限

三　実用新案権、専用実施権又は通常実施権を目的とする質権の設定、移転、変更、消滅又は処分の制限

2　（略）

3　（略）

（実用新案登録証の交付）

第五〇条　特許庁長官は、実用新案権の設定の登録、第十四条の二第一項（明細書、実用新案登録請求の範囲又は図面の訂正）の訂正又は第十七条の二第一項（願書に添付した明細書、特許請求の範囲又は図面の補正）の規定による請求に基づく実用新案権の移転の登録があつたときは、実用新案権者に対し、実用新案登録証を交付する。

2　（略）

（特許法の準用）

第五五条　特許法第百八十六条（証明等の請求）の規定は、実用新案登録に準用する。

2　（略）

3　（略）

4　（略）

5　（略）

（実用新案登録証の交付）

第五〇条　特許庁長官は、実用新案権の設定の登録又は第十四条の二第一項（明細書、実用新案登録請求の範囲又は図面の訂正）の訂正があつたときは、実用新案権者に対し、実用新案登録証を交付する。

2　（略）

（特許法の準用）

第五五条　特許法第百八十六条（証明等の請求）の規定は、実用新案登録に準用する。この場合において、同条第三項中「通常実施権又は仮通常実施権」とあるのは「通常実施権」と、「通常実施権については特許権者、専用実施権者又は通常実施権者の利益を害するおそれがあるものとして政令で定めるものが、仮通常実施権については特許を受ける権利を有する者、仮専用実施権者又は仮通常実施権者の利益を害するおそれがあるものとして政令で定めるものが」とあるのは「実用新案権者、専用実施権者又は通常実施権者の利益を害するおそれがあるものとして政令で定めるものが」と読み替えるものとする。

2　（略）

3　（略）

4　（略）

5　（略）

○意匠法（第三条関係）

改正

（意匠の新規性の喪失の例外）

第四条　（略）

２　意匠登録を受ける権利を有する者の行為に起因して第三条第一項第一号（意匠登録の要件）又は第二号に該当するに至つた意匠（発明、実用新案、意匠又は商標に関する公報に掲載されたことにより同条第一項第一号又は第二号に該当するに至つたものを除く。）も、その該当するに至つた日から六月以内にその者がした意匠登録出願に係る意匠についての同条第一項及び第二項の規定の適用については、前項と同様とする。

３　（略）

（仮通常実施権）

第五条の二　意匠登録を受ける権利を有する者は、その意匠登録を受ける権利に基づいて取得すべき意匠権について、その意匠登録出願の願書の記載及び願書に添付した図面、写真、ひな形又は見本に現された意匠又はこれに類似する意匠の範囲内において、他人に仮通常実施権を許諾することができる。

２　前項の規定による仮通常実施権に係る意匠登録出願について意匠権の設定の登録があつたときは、当該仮通常実施権を有する者に対し、その意匠権について、当該仮通常実施権の設定行為で定めた範囲内において、通常実施権が許諾されたものとみなす。

３　特許法（昭和三十四年法律第百二十一号）第三十三条第二

現行

（意匠の新規性の喪失の例外）

第四条　（略）

２　意匠登録を受ける権利を有する者の行為に起因して第三条第一項第一号（意匠登録の要件）又は第二号に該当するに至つた意匠も、その該当するに至つた日から六月以内にその者がした意匠登録出願に係る意匠についての同条第一項及び第二項の規定の適用については、前項と同様とする。

３　（略）

項〔特許を受ける権利〕及び第三項、第三十四条の三第四項〔仮通常実施権〕、第六項及び第八項から第十項まで並びに第三十四条の五の規定は、仮通常実施権に準用する。この場合において、同法第三十四条の三第八項中「第四十六条第一項〔出願の変更〕」とあるのは「意匠法第十三条第二項〔出願の変更〕」と、同条第九項中「意匠法（昭和三十四年法律第百二十五号）第五条の二第一項の規定による仮通常実施権に係る意匠登録出願について、第四十六条第二項〔出願の変更〕」とあるのは「第一項又は前条第四項の規定による仮通常実施権に係る特許出願について、意匠法第十三条第一項〔出願の変更〕」と読み替えるものとする。

（先願）

第九条　（略）

2　（略）

3　（略）

4　（略）

5　（略）

（関連意匠）

第一〇条　意匠登録出願人は、自己の意匠登録出願に係る意匠又は自己の登録意匠のうちから選択した一の意匠（以下「本意匠」という。）に類似する意匠（以下「関連意匠」という。）については、当該関連意匠の意匠登録出願の日（第十五条において準用する特許法第四十三条第一項「パリ条約による優先権

（先願）

第九条　（略）

2　（略）

3　（略）

4　意匠の創作をした者でない者であつて意匠登録を受ける権利を承継しないものがした意匠登録出願は、第一項又は第二項の規定の適用については、意匠登録出願でないものとみなす。

5　（略）

6　（略）

（関連意匠）

第一〇条　意匠登録出願人は、自己の意匠登録出願に係る意匠又は自己の登録意匠のうちから選択した一の意匠（以下「本意匠」という。）に類似する意匠（以下「関連意匠」という。）については、当該関連意匠の意匠登録出願の日（第十五条において準用する特許法（昭和三十四年法律第百二十一号）第

主張の手続〕又は第四十三条の二第一項〔パリ条約の例による優先権主張〕若しくは第二項の規定による優先権の主張を伴う意匠登録出願にあつては、最初の出願若しくは千九百年十二月十四日にブラッセルで、千九百十一年六月二日にワシントンで、千九百二十五年十一月六日にヘーグで、千九百三十四年六月二日にロンドンで、千九百五十八年十月三十一日にリスボンで及び千九百六十七年七月十四日にストックホルムで改正された工業所有権の保護に関する千八百八十三年三月二十日のパリ条約第四条C(4)の規定により最初の出願とみなされた出願又は同条A(2)の規定により最初の出願と認められた出願の日。以下この項において同じ。）がその本意匠の意匠登録出願の日以後であつて、第二十条第三項〔意匠権の設定の登録〕の規定によりその本意匠の意匠登録出願が掲載された意匠公報（同条第四項の規定により同条第三項第四号に掲げる事項が掲載されたものを除く。）の発行の日前である場合に限り、第九条第一項又は第二項の規定にかかわらず、意匠登録を受けることができる。

2　（略）

3　（略）

4　（略）

（出願の変更）

第一三条　（略）

2　（略）

3　（略）

4　（略）

5　特許出願人は、その特許出願について仮専用実施権を有する者があるときは、その承諾を得た場合に限り、第一項の規定に

四十三条第一項〔パリ条約による優先権主張の手続〕又は第四十三条の二第一項〔パリ条約の例による優先権主張〕若しくは第二項の規定による優先権の主張を伴う意匠登録出願にあつては、最初の出願若しくは千九百年十二月十四日にブラッセルで、千九百十一年六月二日にワシントンで、千九百二十五年十一月六日にヘーグで、千九百三十四年六月二日にロンドンで、千九百五十八年十月三十一日にリスボンで及び千九百六十七年七月十四日にストックホルムで改正された工業所有権の保護に関する千八百八十三年三月二十日のパリ条約第四条C(4)の規定により最初の出願とみなされた出願又は同条A(2)の規定により最初の出願と認められた出願の日。以下この項において同じ。）がその本意匠の意匠登録出願の日以後であつて、第二十条第三項〔意匠権の設定の登録〕の規定によりその本意匠の意匠登録出願が掲載された意匠公報（同条第四項の規定により同条第三項第四号に掲げる事項が掲載されたものを除く。）の発行の日前である場合に限り、第九条第一項又は第二項の規定にかかわらず、意匠登録を受けることができる。

2　（略）

3　（略）

4　（略）

（出願の変更）

第一三条　（略）

2　（略）

3　（略）

4　（略）

5　特許出願人は、その特許出願について仮専用実施権又は登録した仮通常実施権を有する者があるときは、これらの者の承諾

よる出願の変更をすることができる。

6　（略）

（特許協力条約に基づく国際出願に係る出願の変更の特例）

第十三条の二　特許法第百八十四条の三第一項又は第百八十四条の二十第四項の規定により特許出願とみなされた国際出願の意匠登録出願への変更については、同法第百八十四条の六第二項の日本語特許出願にあつては同法第百八十四条の五第一項、同法第百八十四条の四第一項の外国語特許出願にあつては同項又は同条第四項及び同法第百八十四条の五第一項の規定による手続をし、かつ、同法第百九十五条第二項の規定により納付すべき手数料を納付した後（同法第百八十四条の二十第四項の規定により特許出願とみなされた国際出願については、同項に規定する決定の後）でなければすることができない。

2　実用新案法（昭和三十四年法律第百二十三号）第四十八条の三第一項又は第四十八条の十六第四項の規定により実用新案登録出願とみなされた国際出願の意匠登録出願への変更については、同法第四十八条の五第四項の日本語実用新案登録出願にあつては同条第一項、同法第四十八条の四第一項の外国語実用新案登録出願にあつては同項又は同条第四項及び同法第四十八条の五第一項の規定による手続をし、かつ、同法第五十四条第二項の規定により納付すべき手数料を納付した後（同法第四十八条の十六第四項の規定により実用新案登録出願とみなされた国際出願については、同項に規定する決定の後）でなければすることができない。

を得た場合に限り、第一項の規定による出願の変更をすることができる。

6　（略）

（特許協力条約に基づく国際出願に係る出願の変更の特例）

第十三条の二　特許法第百八十四条の三第一項又は第百八十四条の二十第四項の規定により特許出願とみなされた国際出願の意匠登録出願への変更については、同法第百八十四条の六第二項の日本語特許出願にあつては同法第百八十四条の五第一項、同法第百八十四条の四第一項の外国語特許出願にあつては同項及び同法第百八十四条の五第一項の規定による手続をし、かつ、同法第百九十五条第二項の規定により納付すべき手数料を納付した後（同法第百八十四条の二十第四項の規定により特許出願とみなされた国際出願については、同項に規定する決定の後）でなければすることができない。

2　実用新案法（昭和三十四年法律第百二十三号）第四十八条の三第一項又は第四十八条の十六第四項の規定により実用新案登録出願とみなされた国際出願の意匠登録出願への変更については、同法第四十八条の五第四項の日本語実用新案登録出願にあつては同条第一項、同法第四十八条の四第一項の外国語実用新案登録出願にあつては同項及び同法第四十八条の五第一項の規定による手続をし、かつ、同法第五十四条第二項の規定により納付すべき手数料を納付した後（同法第四十八条の十六第四項の規定により実用新案登録出願とみなされた国際出願については、同項に規定する決定の後）でなければすることができない。

（特許法の準用）

第一五条　（略）

2　特許法第三十三条並びに第三十四条第一項、第二項及び第四項から第七項まで（特許を受ける権利）の規定は、意匠登録を受ける権利に準用する。

3　（略）

（拒絶の査定）

第一七条　審査官は、意匠登録出願が次の各号のいずれかに該当するときは、その意匠登録出願について拒絶をすべき旨の査定をしなければならない。

一　その意匠登録出願に係る意匠が第三条、第三条の二、第五条、第八条、第九条第一項若しくは第二項、第十条第一項から第三項まで、第十五条第一項において準用する特許法第三十八条又は第六十八条第三項において準用する同法第二十五条（外国人の権利の享有）の規定により意匠登録をすることができないものであるとき。

二　（略）

三　（略）

四　その意匠登録出願人がその意匠について意匠登録を受ける権利を有していないとき。

（意匠権の移転の特例）

第二六条の二　意匠登録が第四十八条第一項第一号（登録無効審判）に規定する要件に該当するとき（その意匠登録が第十五条第一項において準用する特許法第三十八条（共同出願）の規定に違反してされたときに限る。）又は第四十八条第一項第三号

（特許法の準用）

第一五条　（略）

2　特許法第三十三条第一項から第三項まで並びに第三十四条第一項、第二項及び第四項から第七項まで（特許を受ける権利）の規定は、意匠登録を受ける権利に準用する。

3　（略）

（拒絶の査定）

第一七条　審査官は、意匠登録出願が次の各号の一に該当するときは、その意匠登録出願について拒絶をすべき旨の査定をしなければならない。

一　その意匠登録出願に係る意匠が第三条、第三条の二、第五条、第八条、第九条第一項若しくは第二項、第十条第一項から第三項まで、第十五条第一項において準用する特許法第三十八条又は第六十八条第三項において準用する特許法第二十五条（外国人の権利の享有）の規定により意匠登録をすることができないものであるとき。

二　（略）

三　（略）

四　その意匠登録出願人が意匠の創作をした者でない場合において、その意匠について意匠登録を受ける権利を承継していないとき。

〔登録無効審判〕に規定する要件に該当するときは、当該意匠登録に係る意匠について意匠登録を受ける権利を有する者は、経済産業省令で定めるところにより、その意匠権者に対し、当該意匠権の移転を請求することができる。

2 本意匠又は関連意匠の意匠権についての前項の規定による請求は、本意匠又は関連意匠の意匠権のいずれかの消滅後は、当該消滅した意匠権が第四十九条〔登録の無効の審判〕の規定により初めから存在しなかつたものとみなされたときを除き、することができない。

3 第一項の規定による請求に基づく意匠権の移転の登録があつたときは、その意匠権は、初めから当該登録を受けた者に帰属していたものとみなす。

4 共有に係る意匠権について第一項の規定による請求に基づきその持分を移転する場合においては、第三十六条において準用する特許法第七十三条第一項〔共有に係る特許権〕の規定は、適用しない。

（通常実施権）

第二八条 （略）

2 （略）

3 特許法第七十三条第一項（共有）、第九十七条第三項（放棄）及び第九十九条（通常実施権の対抗力）の規定は、通常実施権に準用する。

（意匠権の移転の登録前の実施による通常実施権）

第二九条の三 第二十六条の二第一項〔他人の登録意匠等との関

（通常実施権）

第二八条 （略）

2 （略）

3 特許法第七十三条第一項（共有）、第九十七条第三項（放棄）及び第九十九条（登録の効果）の規定は、通常実施権に準用する。この場合において、同条第二項中「第七十九条」とあるのは、「意匠法第二十九条若しくは第二十九条の二」と読み替えるものとする。

係」の規定による請求に基づく意匠権の移転の登録の際現にその意匠権、その意匠権についての専用実施権又はその意匠権若しくは専用実施権についての通常実施権を有していた者であって、その意匠権の移転の登録前に、意匠登録が第四十八条第一項第一号〔登録無効審判〕に規定する要件に該当すること（その意匠登録が第十五条第一項において準用する特許法第三十八条〔共同出願〕の規定に違反してされたときに限る。）又は第四十八条第一項第三号に規定する要件に該当することを知らないで、日本国内において当該意匠又はこれに類似する意匠の実施である事業をしているもの又はその事業の準備をしているものは、その実施又は準備をしている意匠及び事業の目的の範囲内において、その意匠権について通常実施権を有する。

2 当該意匠権者は、前項の規定により通常実施権を有する者から相当の対価を受ける権利を有する。

（無効審判の請求登録前の実施による通常実施権）

第三〇条 次の各号のいずれかに該当する者であって、意匠登録無効審判の請求の登録前に、意匠登録が第四十八条第一項各号のいずれかに該当することを知らないで、日本国内において当該意匠又はこれに類似する意匠の実施である事業をしているもの又はその事業の準備をしているものは、その実施又は準備をしている意匠及び事業の目的の範囲内において、当該意匠権又はその意匠登録を無効にした際現に存する専用実施権について通常実施権を有する。

一 （略）

二 （略）

三 前二号に掲げる場合において、意匠登録無効審判の請求の登録の際現にその無効にした意匠登録に係る意匠権について

（無効審判の請求登録前の実施による通常実施権）

第三〇条 次の各号のいずれかに該当する者であって、意匠登録無効審判の請求の登録前に、意匠登録が第四十八条第一項各号のいずれかに該当することを知らないで、日本国内において当該意匠又はこれに類似する意匠の実施である事業をしているもの又はその事業の準備をしているものは、その実施又は準備をしている意匠及び事業の目的の範囲内において、当該意匠権又はその意匠登録を無効にした際現に存する専用実施権について通常実施権を有する。

一 （略）

二 （略）

三 前二号に掲げる場合において、意匠登録無効審判の請求の登録の際現にその無効にした意匠登録に係る意匠権について

の専用実施権又はその意匠権若しくは専用実施権についての通常実施権を有する者

2　（略）

（意匠権等の存続期間満了後の通常実施権）

第三十二条　意匠登録出願の日前又はこれと同日の意匠登録出願に係る意匠権のうち登録意匠に類似する意匠に係る部分がその意匠登録出願に係る意匠権と抵触する場合において、その意匠権の存続期間が満了したときは、その満了の際現にその存続期間が満了した意匠権についての専用実施権又はその意匠権若しくは専用実施権についての通常実施権を有する者は、原権利の範囲内において、当該意匠権又はその意匠権の存続期間の満了の際現に存する専用実施権について通常実施権を有する。

2　（略）

3　（略）

（通常実施権の設定の裁定）

第三十三条　（略）

2　（略）

3　（略）

4　（略）

5　（略）

6　（略）

7　特許法第八十四条、第八十四条の二（通常実施権者の意見の陳述）、第八十五条第一項及び第八十六条から第九十一条の二

の専用実施権又はその意匠権若しくは専用実施権についての第二十八条第三項（通常実施権）において準用する特許法第九十九条第一項の効力を有する通常実施権を有する者

2　（略）

（意匠権等の存続期間満了後の通常実施権）

第三十二条　意匠登録出願の日前又はこれと同日の意匠登録出願に係る意匠権のうち登録意匠に類似する意匠に係る部分がその意匠登録出願に係る意匠権と抵触する場合において、その意匠権の存続期間が満了したときは、その満了の際現にその存続期間が満了した意匠権についての専用実施権又はその意匠権若しくは専用実施権についての第二十八条第三項（通常実施権）において準用する特許法第九十九条第一項の効力を有する通常実施権を有する者は、原権利の範囲内において、当該意匠権又はその意匠権の存続期間の満了の際現に存する専用実施権について通常実施権を有する。

2　（略）

3　（略）

（通常実施権の設定の裁定）

第三十三条　（略）

2　（略）

3　（略）

4　（略）

5　（略）

6　（略）

7　特許法第八十四条、第八十五条第一項及び第八十六条から第九十一条の二まで（裁定の手続等）の規定は、第三項又は第四

まで（裁定の手続等）の規定は、第三項又は第四項の裁定に準用する。

（質権）

第三五条　（略）

2　（略）

3　（略）

（特許法の準用）

第四一条　特許法第百四条の二から第百五条の六まで（具体的態様の明示義務、特許権者等の権利行使の制限、主張の制限、書類の提出等、損害計算のための鑑定、相当な損害額の認定、秘密保持命令、秘密保持命令の取消し及び訴訟記録の閲覧等の請求の通知等）及び第百六条（信用回復の措置）の規定は、意匠権又は専用実施権の侵害に準用する。

（登録料）

第四二条　意匠権の設定の登録を受ける者又は意匠権者は、登録料として、第二十一条（存続期間）に規定する存続期間の満了までの各年について、一件ごとに、次に掲げる金額を納付しなければならない。

一　（略）

二　第四年から第二十年まで　毎年一万六千九百円

2　（略）

3　（略）

項の裁定に準用する。

（質権）

第三五条　（略）

2　（略）

3　（略）

4　特許法第九十九条第三項（登録の効果）の規定は、通常実施権を目的とする質権に準用する。

（特許法の準用）

第四一条　特許法第百四条の二から第百五条の六まで（具体的態様の明示義務、特許権者等の権利行使の制限、書類の提出等、損害計算のための鑑定、相当な損害額の認定、秘密保持命令、秘密保持命令の取消し及び訴訟記録の閲覧等の請求の通知等）及び第百六条（信用回復の措置）の規定は、意匠権又は専用実施権の侵害に準用する。

（登録料）

第四二条　意匠権の設定の登録を受ける者又は意匠権者は、登録料として、第二十一条（存続期間）に規定する存続期間の満了までの各年について、一件ごとに、次に掲げる金額を納付しなければならない。

一　（略）

二　第四年から第十年まで　毎年一万六千九百円

三　第十一年から第二十年まで　毎年三万三千八百円

2　（略）

3　（略）

4 （略）

5 （略）

（登録料の追納による意匠権の回復）

第四四条の二　前条第四項の規定により消滅したものとみなされた意匠権の原意匠権者は、同条第一項の規定により登録料を追納することができる期間内に同条第四項に規定する登録料及び割増登録料を納付することができなかつたことについて正当な理由があるときは、その理由がなくなつた日から二月以内でその期間の経過後一年以内に限り、その登録料及び割増登録料を追納することができる。

2 （略）

（意匠登録無効審判）

第四八条　意匠登録が次の各号のいずれかに該当するときは、その意匠登録を無効にすることについて意匠登録無効審判を請求することができる。

一　その意匠登録が第三条、第三条の二、第五条、第九条第一項若しくは第二項、第十条第二項若しくは第三項、第十五条第一項において準用する特許法第三十八条又は第六十八条第三項において準用する同法第二十五条の規定に違反してされたとき（その意匠登録が第十五条第一項において準用する同法第三十八条の規定に違反してされた場合にあつては、第二十六条の二第一項の規定による請求に基づき、その意匠登録に係る意匠権の移転の登録があつたときを除く。）。

二　（略）

三　その意匠登録がその意匠について意匠登録を受ける権利を

---

4 （略）

5 （略）

（登録料の追納による意匠権の回復）

第四四条の二　前条第四項の規定により消滅したものとみなされた意匠権の原意匠権者は、その責めに帰することができない理由により同条第一項の規定により登録料を追納することができる期間内に同条第四項に規定する登録料及び割増登録料を納付することができなかつたときは、その理由がなくなつた日から十四日（在外者にあつては、二月）以内でその期間の経過後六月以内に限り、その登録料及び割増登録料を追納することができる。

2 （略）

（意匠登録無効審判）

第四八条　意匠登録が次の各号のいずれかに該当するときは、その意匠登録を無効にすることについて意匠登録無効審判を請求することができる。

一　その意匠登録が第三条、第三条の二、第五条、第九条第一項若しくは第二項、第十条第二項若しくは第三項、第十五条第一項において準用する特許法第三十八条又は第六十八条第三項において準用する特許法第二十五条の規定に違反してされたとき。

二　（略）

三　その意匠登録が意匠の創作をした者でない者であつてその

有しない者の意匠登録出願に対してされたとき（第二十六条の二第一項の規定による請求に基づき、その意匠登録に係る意匠権の移転の登録があつたときを除く。）。

四　（略）

2　意匠登録無効審判は、何人も請求することができる。ただし、意匠登録が前項第一号に該当すること（その意匠登録が第十五条第一項において準用する特許法第三十八条の規定に違反してされたときに限る。）又は前項第三号に該当することを理由とするものは、当該意匠登録に係る意匠について意匠登録を受ける権利を有する者に限り請求することができる。

3　（略）

4　（略）

（特許法の準用）

第五二条　特許法第百三十一条第一項及び第二項、第百三十一条の二（第一項第三号及び第二項第一号を除く。）から第百三十四条まで、第百三十五条から第百五十四条まで、第百五十五条第一項及び第二項、第百五十六条第一項、第三項及び第四項、第百五十七条、第百五十八条、第百六十条第一項及び第二項、第百六十一条並びに第百六十七条から第百七十条まで（審判の請求、審判官、審判の手続、訴訟との関係及び審判における費用）の規定は、審判に準用する。この場合において、同法第百五十六条第一項中「特許無効審判以外の審判においては、事件が」とあるのは「事件が」と、同法第百六十一条中「拒絶査定不服審判」とあり、及び同法第百六十九条第三項中「拒絶査定不服審判及び訂正審判」とあるのは「拒絶査定不服審判及び補正却下決定不服審判」と読み替えるものとする。

意匠について意匠登録を受ける権利を承継しないものの意匠登録出願に対してされたとき。

四　（略）

2　意匠登録無効審判は、何人も請求することができる。ただし、意匠登録が前項第一号に該当すること（その意匠登録が第十五条第一項において準用する特許法第三十八条の規定に違反してされたときに限る。）又は前項第三号に該当することを理由とするものは、利害関係人に限り請求することができる。

3　（略）

4　（略）

（特許法の準用）

第五二条　特許法第百三十一条第一項及び第二項、第百三十一条の二（第二項第一号を除く。）から第百三十四条まで、第百三十五条から第百五十四条まで、第百五十五条第一項及び第二項、第百五十六条から第百五十八条まで、第百六十条第一項及び第二項、第百六十一条並びに第百六十七条から第百七十条まで（審判の請求、審判官、審判の手続、訴訟との関係及び審判における費用）の規定は、審判に準用する。この場合において、同法第百六十一条中「拒絶査定不服審判」とあり、及び同法第百六十九条第三項中「拒絶査定不服審判及び訂正審判」とあるのは、「拒絶査定不服審判及び補正却下決定不服審判」と読み替えるものとする。

（特許法の準用）

第五八条　（略）

2　特許法第百三十一条第一項、第百三十一条の二第一項本文、第百三十二条第三項及び第四項、第百三十三条、第百三十三条の二、第百三十四条第四項、第百三十五条から第百四十七条まで、第百五十条から第百五十二条まで、第百五十五条第一項、第百五十六条第一項、第三項及び第四項、第百五十七条、第百五十八条、第百六十条、第百六十七条の二本文、第百六十八条、第百六十九条第三項から第六項まで並びに第百七十条の規定は、拒絶査定不服審判の確定審決に対する再審に準用する。この場合において、同法第百六十九条第三項中「拒絶査定不服審判及び訂正審判」とあるのは、「拒絶査定不服審判」と読み替えるものとする。

3　特許法第百三十一条第一項、第百三十一条の二第一項本文、第百三十二条第三項及び第四項、第百三十三条、第百三十三条の二、第百三十四条第四項、第百三十五条から第百四十七条まで、第百五十条から第百五十二条まで、第百五十五条第一項、第百五十六条第一項、第三項及び第四項、第百五十七条、第百六十七条の二本文、第百六十八条、第百六十九条第三項から第六項まで並びに第百七十条の規定は、補正却下決定不服審判の確定審決に対する再審に準用する。この場合において、同法第百六十九条第三項中「拒絶査定不服審判及び訂正審判」とあるのは、「補正却下決定不服審判」と読み替えるものとする。

4　特許法第百七十四条第二項の規定は、意匠登録無効審判の確定審決に対する再審に準用する。

（審決等に対する訴え）

第五九条　（略）

（特許法の準用）

第五八条　（略）

2　特許法第百三十一条第一項、第百三十一条の二第一項本文、第百三十二条第三項及び第四項、第百三十三条、第百三十三条の二、第百三十四条第四項、第百三十五条から第百四十七条まで、第百五十条から第百五十二条まで、第百五十五条第一項、第百五十六条から第百五十八条まで、第百六十条、第百六十八条、第百六十九条第三項から第六項まで並びに第百七十条の規定は、拒絶査定不服審判の確定審決に対する再審に準用する。この場合において、同法第百六十九条第三項中「拒絶査定不服審判及び訂正審判」とあるのは、「拒絶査定不服審判」と読み替えるものとする。

3　特許法第百三十一条第一項、第百三十一条の二第一項本文、第百三十二条第三項及び第四項、第百三十三条、第百三十三条の二、第百三十四条第四項、第百三十五条から第百四十七条まで、第百五十条から第百五十二条まで、第百五十五条第一項、第百五十六条、第百五十七条、第百六十八条、第百六十九条第三項から第六項まで並びに第百七十条の規定は、補正却下決定不服審判の確定審決に対する再審に準用する。この場合において、同法第百六十九条第三項中「拒絶査定不服審判及び訂正審判」とあるのは、「補正却下決定不服審判」と読み替えるものとする。

4　特許法第百七十四条第二項の規定は、意匠登録無効審判の確定審決に対する再審に準用する。

（審決等に対する訴え）

第五九条　（略）

2　特許法第百七十八条第二項から第六項まで（出訴期間等）、第百七十九条（被告適格）、第百八十条第一項（出訴の通知等）及び第百八十条の二から第百八十二条まで（審決取消訴訟における特許庁長官の意見、審決又は決定の取消し及び裁判の正本等の送付）の規定は、前項の訴えに準用する。この場合において、同条第二号中「訴えに係る請求項を特定するために必要な」とあるのは、「旨を記載した」と読み替えるものとする。

（意匠原簿への登録）

第六十一条　次に掲げる事項は、特許庁に備える意匠原簿に登録する。

一　（略）

二　専用実施権の設定、保存、移転、変更、消滅又は処分の制限

三　意匠権又は専用実施権を目的とする質権の設定、移転、変更、消滅又は処分の制限

2　（略）

3　（略）

（意匠登録証の交付）

第六十二条　特許庁長官は、意匠権の設定の登録又は第二十六条の二第一項（意匠権の移転の特例）の規定による請求に基づく意匠権の移転の登録があつたときは、意匠権者に対し、意匠登録証を交付する。

2　（略）

2　特許法第百七十八条第二項から第六項まで（出訴期間等）、第百七十九条から第百八十条の二まで（被告適格、出訴の通知及び審決取消訴訟における特許庁長官の意見）、第百八十一条第一項及び第五項（審決又は決定の取消し）並びに第百八十二条（裁判の正本の送付）の規定は、前項の訴えに準用する。

（意匠原簿への登録）

第六十一条　次に掲げる事項は、特許庁に備える意匠原簿に登録する。

一　（略）

二　専用実施権又は通常実施権の設定、保存、移転、変更、消滅又は処分の制限

三　意匠権、専用実施権又は通常実施権を目的とする質権の設定、移転、変更、消滅又は処分の制限

2　（略）

3　（略）

（意匠登録証の交付）

第六十二条　特許庁長官は、意匠権の設定の登録があつたときは、意匠権者に対し、意匠登録証を交付する。

2　（略）

○商標法（第四条関係）

改正

目次
第一章　総則（第一条・第二条）
第二章　商標登録及び商標登録出願（第三条―第一三条の二）
第三章　審査（第一四条―第一七条の二）
第四章　商標権
　第一節　商標権（第一八条―第三五条）
　第二節　権利侵害（第三六条―第三九条）
　第三節　登録料（第四十条―第四三条）
第四章の二　登録異議の申立て（第四三条の二―第四三条の一五）
第五章　審判（第四四条―第五六条の二）
第六章　再審及び訴訟（第五七条―第六三条の二）
第七章　防護標章（第六四条―第六八条）
第七章の二　マドリッド協定の議定書に基づく特例
　第一節　国際登録出願（第六八条の二―第六八条の八）
　第二節　国際商標登録出願に係る特例（第六八条の九―第六八条の三一）
　第三節　商標登録出願等の特例（第六八条の三二―第六八条の三九）
第八章　雑則（第六八条の四〇―第七七条の二）
第九章　罰則（第七八条―第八五条）
附則

現行

目次
第一章　総則（第一条・第二条）
第二章　商標登録及び商標登録出願（第三条―第一三条の二）
第三章　審査（第一四条―第一七条の二）
第四章　商標権
　第一節　商標権（第一八条―第三五条）
　第二節　権利侵害（第三六条―第三九条）
　第三節　登録料（第四十条―第四三条）
第四章の二　登録異議の申立て（第四三条の二―第四三条の一四）
第五章　審判（第四四条―第五六条の二）
第六章　再審及び訴訟（第五七条―第六三条の二）
第七章　防護標章（第六四条―第六八条）
第七章の二　マドリッド協定の議定書に基づく特例
　第一節　国際登録出願（第六八条の二―第六八条の八）
　第二節　国際商標登録出願に係る特例（第六八条の九―第六八条の三一）
　第三節　商標登録出願等の特例（第六八条の三二―第六八条の三九）
第八章　雑則（第六八条の四〇―第七七条の二）
第九章　罰則（第七八条―第八五条）
附則

（商標登録を受けることができない商標）

第四条　次に掲げる商標については、前条の規定にかかわらず、商標登録を受けることができない。

一　（略）

二　（略）

三　（略）

四　（略）

五　（略）

六　（略）

七　（略）

八　（略）

九　政府若しくは地方公共団体（以下「政府等」という。）が開設する博覧会若しくは政府等以外の者が開設する博覧会であつて特許庁長官の定める基準に適合するもの又は外国でその政府等若しくはその許可を受けた者が開設する国際的な博覧会の賞と同一又は類似の標章を有する商標（その賞を受けた者が商標の一部としてその標章の使用をするものを除く。）

十　（略）

十一　（略）

十二　（略）

十三　削除

十四　（略）

（商標登録を受けることができない商標）

第四条　次に掲げる商標については、前条の規定にかかわらず、商標登録を受けることができない。

一　（略）

二　（略）

三　（略）

四　（略）

五　（略）

六　（略）

七　（略）

八　（略）

九　政府若しくは地方公共団体（以下「政府等」という。）が開設する博覧会若しくは政府等以外の者が開設する博覧会であつて特許庁長官が指定するもの又は外国でその政府等若しくはその許可を受けた者が開設する国際的な博覧会の賞と同一又は類似の標章を有する商標（その賞を受けた者が商標の一部としてその標章の使用をするものを除く。）

十　（略）

十一　（略）

十二　（略）

十三　商標権が消滅した日（商標登録を取り消すべき旨の決定又は無効にすべき旨の審決があつたときは、その確定の日。以下同じ。）から一年を経過していない他人の商標（他人が商標権が消滅した日前一年以上使用をしなかつたものを除く。）又はこれに類似する商標であつて、その商標権に係る指定商品若しくは指定役務又はこれらに類似する商品若しくは役務について使用をするもの

十四　（略）

十五　（略）
十六　（略）
十七　（略）
十八　（略）
十九　（略）

2　（略）

3　（略）

（出願時の特例）

第九条　政府等が開設する博覧会若しくは政府等以外の者が開設する博覧会であつて特許庁長官の定める基準に適合するものに、パリ条約の同盟国、世界貿易機関の加盟国若しくは商標法条約の締約国の領域内でその政府等若しくはその許可を受けた者が開設する国際的な博覧会に、又はパリ条約の同盟国、世界貿易機関の加盟国若しくは商標法条約の締約国のいずれにも該当しない国の領域内でその政府等若しくはその許可を受けた者が開設する国際的な博覧会であつて特許庁長官の定める基準に適合するものに出品した商品又は出展した役務について使用をした商標について、その商標の使用をした商品を出品した者又は役務を出展した者がその出品又は出展の日から六月以内にその商品又は役務を指定商品又は指定役務として商標登録出願をしたときは、その商標登録出願は、その出品又は出展の時にしたものとみなす。

十五　（略）
十六　（略）
十七　（略）
十八　（略）
十九　（略）

2　（略）

3　（略）

4　第五十三条の二の規定により商標登録を取り消すべき旨の審決が確定した場合において、その審判の請求人が当該審決によつて取り消された商標登録に係る商標又はこれに類似する商標について商標登録出願をするときは、第一項第十三号の規定は、適用しない。

（出願時の特例）

第九条　政府等が開設する博覧会若しくは政府等以外の者が開設する博覧会であつて特許庁長官が指定するものに、パリ条約の同盟国、世界貿易機関の加盟国若しくは商標法条約の締約国の領域内でその政府等若しくはその許可を受けた者が開設する国際的な博覧会に、又はパリ条約の同盟国、世界貿易機関の加盟国若しくは商標法条約の締約国のいずれにも該当しない国の領域内でその政府等若しくはその許可を受けた者が開設する国際的な博覧会であつて特許庁長官が指定するものに出品した商品又は出展した役務について使用をした商標について、その商標の使用をした商品を出品した者又は役務を出展した者がその出品又は出展の日から六月以内にその商品又は役務を指定商品又は指定役務として商標登録出願をしたときは、その商標登録出願は、その出品又は出展の時にしたものとみなす。

2　（略）

（設定の登録前の金銭的請求権等）

第十三条の二　（略）

2　（略）

3　（略）

4　（略）

5　第二十七条〔登録商標等の範囲〕、第三十七条〔侵害とみなす行為〕、第三十九条において準用する特許法第百四条の三第一項及び第二項、第百五条、第百五条の二、第百五条の四から第百五条の六まで及び第百六条、第五十六条第一項において準用する同法第百六十八条第三項から第六項まで並びに民法（明治二十九年法律第八十九号）第七百十九条及び第七百二十四条（不法行為）の規定は、第一項の規定による請求権を行使する場合に準用する。この場合において、当該請求権を有する者が商標権の設定の登録前に当該商標登録出願に係る商標の使用の事実及びその使用をした者を知つたときは、同条中「被害者又はその法定代理人が損害及び加害者を知った時」とあるのは、「商標権の設定の登録の日」と読み替えるものとする。

（商標権の回復）

第二十一条　前条第四項の規定により消滅したものとみなされた商標権の原商標権者は、同条第三項の規定により更新登録の申請をすることができる期間内にその申請ができなかつたことについて正当な理由があるときは、その理由がなくなつた日から二月以内でその期間の経過後六月以内に限り、その申請をすることができる。

2　（略）

2　（略）

（設定の登録前の金銭的請求権等）

第十三条の二　（略）

2　（略）

3　（略）

4　（略）

5　第二十七条〔登録商標等の範囲〕、第三十七条〔侵害とみなす行為〕、第三十九条において準用する特許法第百四条の三から第百五条の二まで、第百五条の四から第百五条の六まで及び第百六条、第五十六条第一項において準用する特許法第百六十八条第三項から第六項まで並びに民法（明治二十九年法律第八十九号）第七百十九条及び第七百二十四条（不法行為）の規定は、第一項の規定による請求権を行使する場合に準用する。この場合において、当該請求権を有する者が商標権の設定の登録前に当該商標登録出願に係る商標の使用の事実及びその使用をした者を知つたときは、同条中「被害者又はその法定代理人が損害及び加害者を知った時」とあるのは、「商標権の設定の登録の日」と読み替えるものとする。

（商標権の回復）

第二十一条　前条第四項の規定により消滅したものとみなされた商標権の原商標権者は、その責めに帰することができない理由により同条第三項の規定により更新登録の申請をすることができる期間内にその申請ができなかつたときは、その理由がなくなつた日から十四日（在外者にあつては、二月）以内でその期間の経過後六月以内に限り、その申請をすることができる。

2　（略）

（通常使用権）
第三十一条　（略）
2　（略）
3　（略）
4　通常使用権は、その登録をしたときは、その商標権若しくは専用使用権又はその商標権についての専用使用権をその後に取得した者に対しても、その効力を生ずる。
5　通常使用権の移転、変更、消滅又は処分の制限は、登録しなければ、第三者に対抗することができない。
6　特許法第七十三条第一項（共有）、第九十四条第二項（質権の設定）及び第九十七条第三項（放棄）の規定は、通常使用権に準用する。

（団体構成員等の権利）
第三十一条の二　（略）
2　（略）
3　（略）
4　団体商標又は地域団体商標に係る登録商標についての第三十三条第一項第三号の規定の適用については、同号中「又はその商標権若しくは専用使用権についての第三十一条第四項〔通常使用権〕の効力を有する通常使用権を有する者」とあるのは、「若しくはその商標権若しくは専用使用権についての第三十一条第四項の効力を有する通常使用権を有する者又はその商標の使用をする権利を有する団体構成員若しくは地域団体構成員」とする。

（通常使用権）
第三十一条　（略）
2　（略）
3　（略）
4　特許法第七十三条第一項（共有）、第九十四条第二項（質権の設定）、第九十七条第三項（放棄）並びに第九十九条第一項及び第三項（登録の効果）の規定は、通常使用権に準用する。

（団体構成員等の権利）
第三十一条の二　（略）
2　（略）
3　（略）
4　団体商標又は地域団体商標に係る登録商標についての第三十三条第一項第三号の規定の適用については、同号中「又はその商標権若しくは専用使用権についての第三十一条第四項〔通常使用権〕において準用する特許法第九十九条第一項〔登録の効果〕の効力を有する通常使用権を有する者」とあるのは、「若しくはその商標権若しくは専用使用権についての第三十一条第四項において準用する特許法第九十九条第一項の効力を有する通常使用権を有する者又はその商標の使用をする権利を有する団体構成員若しくは地域団体構成員」とする。

（無効審判の請求登録前の使用による商標の使用をする権利）

第三十三条　次の各号のいずれかに該当する者が第四十六条第一項〔商標登録の無効の審判〕の審判の請求の登録前に商標登録が同項各号のいずれかに該当することを知らないで日本国内において指定商品若しくは指定役務又はこれらに類似する商品若しくは役務について当該登録商標又はこれに類似する商標の使用をし、その商標が自己の業務に係る商品又は役務を表示するものとして需要者の間に広く認識されていたときは、その者は、継続してその商品又は役務についてその商標の使用をする場合は、その商品又は役務についてその商標の使用をする権利を有する。当該業務を承継した者についても、同様とする。

一　（略）

二　（略）

三　前二号に掲げる場合において、第四十六条第一項の審判の請求の登録の際現にその無効にした商標登録に係る商標権についての専用使用権又はその商標権若しくは専用使用権についての第三十一条第四項の効力を有する通常使用権を有する者

2　（略）

3　（略）

（特許権等の存続期間満了後の商標の使用をする権利）

第三十三条の三　商標登録出願の日前又はこれと同日の特許出願に係る特許権がその商標登録出願に係る商標権と抵触する場合において、その特許権の存続期間が満了したときは、その満了の際現にその特許権についての専用実施権又はその特許権若しくは専用実施権についての通常実施権を有する者は、原権利の範囲内において、その商標登録出願に係る指定商品若しくは指定

（無効審判の請求登録前の使用による商標の使用をする権利）

第三十三条　次の各号の一に該当する者が第四十六条第一項〔商標登録の無効の審判〕の審判の請求の登録前に商標登録が同項各号の一に該当することを知らないで日本国内において指定商品若しくは指定役務又はこれらに類似する商品若しくは役務について当該登録商標又はこれに類似する商標の使用をし、その商標が自己の業務に係る商品又は役務を表示するものとして需要者の間に広く認識されていたときは、その者は、継続してその商品又は役務についてその商標の使用をする場合は、その商品又は役務についてその商標の使用をする権利を有する。当該業務を承継した者についても、同様とする。

一　（略）

二　（略）

三　前二号に掲げる場合において、第四十六条第一項の審判の請求の登録の際現にその無効にした商標登録に係る商標権についての専用使用権又はその商標権若しくは専用使用権についての第三十一条第四項において準用する特許法第九十九条第一項〔登録の効果〕の効力を有する通常使用権を有する者

2　（略）

3　（略）

（特許権等の存続期間満了後の商標の使用をする権利）

第三十三条の三　商標登録出願の日前又はこれと同日の特許出願に係る特許権がその商標登録出願に係る商標権と抵触する場合において、その特許権の存続期間が満了したときは、その満了の際現にその特許権についての専用実施権又はその特許権若しくは専用実施権についての特許法第九十九条第一項〔登録の効果〕の効力を有する通常実施権を有する者は、原権利の範囲内にお

役務又はこれらに類似する商品若しくは役務についてその登録商標又はこれに類似する商標の使用をする権利を有する。ただし、その使用が不正競争の目的でされない場合に限る。

2 （略）

3 （略）

（質権）

第三十四条 （略）

2 通常使用権を目的とする質権の設定、移転、変更、消滅又は処分の制限は、登録しなければ、第三者に対抗することができない。

3 （略）

4 （略）

（主張の制限）

第三十八条の二 商標権若しくは専用使用権の侵害又は第十三条の二第一項（登録前の金銭請求権）（第六十八条第一項において準用する場合を含む。）に規定する金銭の支払の請求に係る訴訟の終局判決が確定した後に、次に掲げる審決又は決定が確定したときは、当該訴訟の当事者であつた者は、当該終局判決に対する再審の訴え（当該訴訟を本案とする仮差押命令事件の債権者に対する損害賠償の請求を目的とする訴え並びに当該訴訟を本案とする仮処分命令事件の債権者に対する損害賠償及び不当利得返還の請求を目的とする訴えを含む。）においては、当該審決又は決定が確定したことを主張することができない。

いて、その商標登録出願に係る指定商品若しくは指定役務又はこれらに類似する商品若しくは役務についてその登録商標又はこれに類似する商標の使用をする権利を有する。ただし、その使用が不正競争の目的でされない場合に限る。

2 （略）

3 （略）

（質権）

第三十四条 （略）

2 （略）

3 （略）

4 特許法第九十九条第三項（登録の効果）の規定は、通常使用権を目的とする質権に準用する。

一　当該商標登録を無効にすべき旨の審決

二　当該商標登録を取り消すべき旨の決定

（特許法の準用）

第三九条　特許法第百三条（過失の推定）、第百四条の二（具体的態様の明示義務）、第百四条の三第一項及び第二項（特許権者等の権利行使の制限）、第百五条から第百五条の六まで（書類の提出等、損害計算のための鑑定、相当な損害額の認定、秘密保持命令、秘密保持命令の取消し及び訴訟記録の閲覧等の請求の通知等）並びに第百六条（信用回復の措置）の規定は、商標権又は専用使用権の侵害に準用する。

（決定の確定範囲）

第四三条の一四　登録異議の申立てについての決定は、登録異議申立事件ごとに確定する。ただし、指定商品又は指定役務ごとに申し立てられた登録異議の申立てについての決定は、指定商品又は指定役務ごとに確定する。

（審判の規定の準用）

第四三条の一五　（略）

（拒絶査定に対する審判における特則）

第五五条の二　（略）

2　第十六条（商標登録の査定）の規定は、第四十四条第一項（拒絶査定に対する審判）の審判の請求を理由があるとする場合に準用する。ただし、第五十六条第一項（特許法の準用）において準用する特許法第百六十条第一項の規定によりさらに審査に付すべき旨の審決をするときは、この限りでない。

（特許法の準用）

第三九条　特許法第百三条（過失の推定）、第百四条の二から第百五条の六まで（具体的態様の明示義務、特許権者等の権利行使の制限、書類の提出等、損害計算のための鑑定、相当な損害額の認定、秘密保持命令、秘密保持命令の取消し及び訴訟記録の閲覧等の請求の通知等）及び第百六条（信用回復の措置）の規定は、商標権又は専用使用権の侵害に準用する。

（審判の規定の準用）

第四三条の一四　（略）

（拒絶査定に対する審判における特則）

第五五条の二　（略）

2　第十六条（商標登録の査定）の規定は、第四十四条第一項（拒絶査定に対する審判）の審判の請求を理由があるとする場合に準用する。ただし、次条第一項において準用する特許法第百六十条第一項の規定によりさらに審査に付すべき旨の審決をするときは、この限りでない。

3　（略）

（審決の確定範囲）

第五五条の三　審決は、審判事件ごとに確定する。ただし、指定商品又は指定役務ごとに請求された第四十六条第一項（商標登録の無効の審判）の審判の審決は、指定商品又は指定役務ごとに確定する。

（特許法の準用）

第五六条　特許法第百三十一条第一項、第百三十一条の二第一項（第二号及び第三号を除く。）、第百三十二条から第百三十三条の二まで、第百三十四条第一項、第三項及び第四項、第百三十五条から第百五十四条まで、第百五十五条第一項及び第二項、第百五十六条第一項、第三項及び第四項、第百五十七条、第百五十八条、第百六十条第一項及び第二項、第百六十一条、第百六十七条並びに第百六十八条から第百七十条まで（審決の効果、審判の請求、審判官、審判の手続、訴訟との関係及び審判における費用）の規定は、審判に準用する。この場合において、同法第百三十一条の二第一項第一号中「特許無効審判以外の審判を請求する場合における前条第一項第三号に掲げる請求の理由」とあるのは「商標法第四十六条第一項の審判以外の審判を請求する場合における同法第五十六条第一項において準用する特許法第百三十一条第一項第三号に掲げる請求の理由」と、同法第百三十二条第一項及び第百六十七条中「特許無効審判又は延長登録無効審判」とあり、並びに同法第百四十五条第一項及び第百六十九条第一項中「特許無効審判及び延長登録無効審判」とあるのは「商標法第四十六条第一項、第五十条第一項、第五十一条第一項、第五十二条の二第一項、第五十三条第一項

3　（略）

（特許法の準用）

第五六条　特許法第百三十一条第一項、第百三十一条の二第一項、第百三十二条から第百三十三条の二まで、第百三十四条第一項、第三項及び第四項、第百三十五条から第百五十四条まで、第百五十五条第一項及び第二項、第百五十六条から第百五十八条まで、第百六十条第一項及び第二項、第百六十一条並びに第百六十七条から第百七十条まで（審決の効果、審判の請求、審判官、審判の手続、訴訟との関係及び審判における費用）の規定は、審判に準用する。この場合において、同法第百三十一条の二第一項中「特許無効審判以外の審判を請求する場合における同項第三号に掲げる請求の理由についてされるとき、又は次項の規定による審判長の許可があつたとき」とあるのは「商標法第四十六条第一項の審判以外の審判を請求する場合における同法第五十六条第一項において準用する特許法第百三十一条第一項第三号に掲げる請求の理由についてされるとき」と、同法第百三十二条第一項及び第百六十七条中「特許無効審判又は延長登録無効審判」とあり、並びに同法第百四十五条第一項及び第百六十九条第一項中「特許無効審判及び延長登録無効審判」とあるのは「商標法第四十六条第一項、第五十条第一項、第五十一条第一項、第五十二条の二第一項、第五十三条第一項又

又は第五十三条の二の審判」と、同法第百三十九条第一号、第二号及び第五号中「当事者若しくは参加人」とあるのは「当事者、参加人若しくは登録異議申立人」と、同条第三号中「当事者又は参加人」とあるのは「当事者、参加人又は登録異議申立人」と、同法第百五十六条第一項中「特許無効審判以外の審判においては、事件が」とあるのは「事件が」と、同法第百六十一条中「拒絶査定不服審判」とあり、及び同法第百六十九条第三項中「拒絶査定不服審判及び訂正審判」とあるのは「商標法第四十四条第一項又は第四十五条第一項の審判」と、同法第百六十八条第一項中「他の審判の審決」とあるのは「登録異議の申立てについての決定若しくは他の審判の審決」と読み替えるものとする。

2　特許法第百五十五条第三項（審判の請求の取下げ）の規定は、第四十六条第一項の審判に準用する。

（審判の規定の準用）

第六〇条の二　第四十三条の三、第四十三条の五から第四十三条の九まで、第四十三条の十二から第四十三条の十五（審判の規定の準用）まで、第五十六条第一項において準用する特許法第百三十一条第一項（審判請求の方式）、第百三十一条の二第一項本文（審判請求書の補正）、第百三十二条第三項（共同審判）、第百五十四条（審理の併合又は分離）、第百五十五条第一項（審判の請求の取下げ）並びに第百五十六条第一項（審理の終結の通知）、第三項及び第四項並びに第五十六条第二項において準用する同法第百五十五条第三項の規定は、確定した取消決定に対する再審に準用する。

2　第五十五条の二及び第五十五条の三（審決の確定範囲）の規定は、第四十四条第一項（拒絶査定に対する審判）の審判の確定審決に対する再審に準用する。

は第五十三条の二の審判」と、同法第百三十九条第一号、第二号及び第五号中「当事者若しくは参加人」とあるのは「当事者、参加人若しくは登録異議申立人」と、同条第三号中「当事者又は参加人」とあるのは「当事者、参加人又は登録異議申立人」と、同法第百六十一条中「拒絶査定不服審判」とあり、及び同法第百六十九条第三項中「拒絶査定不服審判及び訂正審判」とあるのは「商標法第四十四条第一項又は第四十五条第一項の審判」と、同法第百六十八条第一項中「他の審判の審決」とあるのは「登録異議の申立てについての決定若しくは他の審判の審決」と読み替えるものとする。

2　特許法第百五十五条第三項（審判の請求の取下げ）の規定は、第四十六条第一項の審判に準用する。

（審判の規定の準用）

第六〇条の二　第四十三条の三、第四十三条の五から第四十三条の九まで、第四十三条の十二から第四十三条の十四（審判の規定の準用）まで、第五十六条第一項において準用する特許法第百三十一条第一項（審判請求の方式）、第百三十一条の二第一項本文（審判請求書の補正）、第百三十二条第三項（共同審判）、第百五十四条（審理の併合又は分離）、第百五十五条第一項（審判の請求の取下げ）及び第百五十六条（審理の終結の通知）並びに第五十六条第二項において準用する同法第百五十五条第三項の規定は、確定した取消決定に対する再審に準用する。

2　第五十五条の二（拒絶査定に対する審判における特則）の規定は、第四十四条第一項（拒絶査定に対する審判）の審判の確定審決に対する再審に準用する。

3　第五十五条の三（審決の確定範囲）及び第五十六条の二（意匠法の準用）の規定は、第四十五条第一項（補正の却下の決定に対する審判）の審判の確定審決に対する再審に準用する。

4　第五十五条の三（審決の確定範囲）の規定は、第四十六条第一項（商標登録の無効の審判）、第五十条第一項（商標登録の取消しの審判）、第五十一条第一項、第五十二条の二第一項、第五十三条第一項又は第五十三条の二の審判の確定審決に対する再審に準用する。

（特許法の準用）

第六十一条　特許法第百七十三条（再審の請求期間）並びに第百七十四条第二項及び第四項（審判の規定等の準用）の規定は、再審に準用する。この場合において、同法第百七十三条第一項及び第三項から第五項までの規定中「審決」とあるのは「取消決定又は審決」と、同法第百七十四条第二項中「第百六十七条から第百六十八条まで」とあるのは「第百六十七条、第百六十八条」と、「特許無効審判又は延長登録無効審判」とあるのは「商標法第四十六条第一項、第五十条第一項、第五十一条第一項、第五十二条の二第一項、第五十三条第一項又は第五十三条の二の審判」と読み替えるものとする。

（意匠法の準用）

第六十二条　意匠法第五十八条第二項（審判の規定の準用）の規定は、第四十四条第一項の審判の確定審決に対する再審に準用する。この場合において、同法第五十八条第二項中「第百六十七条の二本文、第百六十八条」とあるのは、「第百六十八条」と読み替えるものとする。

2　意匠法第五十八条第三項の規定は、第四十五条第一項の審判

3　第五十六条の二（意匠法の準用）の規定は、第四十五条第一項（補正の却下の決定に対する審判）の審判の確定審決に対する再審に準用する。

（特許法の準用）

第六十一条　特許法第百七十三条（再審の請求期間）並びに第百七十四条第二項及び第四項（審判の規定等の準用）の規定は、再審に準用する。この場合において、同法第百七十三条第一項及び第三項から第五項までの規定中「審決」とあるのは「取消決定又は審決」と、同法第百七十四条第二項中「特許無効審判又は延長登録無効審判」とあるのは「商標法第四十六条第一項、第五十条第一項、第五十一条第一項、第五十二条の二第一項、第五十三条第一項又は第五十三条の二の審判」と読み替えるものとする。

（意匠法の準用）

第六十二条　意匠法第五十八条第二項（審判の規定の準用）の規定は、第四十四条第一項の審判の確定審決に対する再審に準用する。

2　意匠法第五十八条第三項の規定は、第四十五条第一項の審判

の確定審決に対する再審に準用する。この場合において、同法第五十八条第三項中「第百六十七条の二本文、第百六十八条」とあるのは、「第百六十八条」と読み替えるものとする。

（審決等に対する訴え）

第六三条　（略）

2　特許法第百七十八条第二項から第六項まで（出訴期間等）及び第百七十九条から第百八十二条まで（被告適格、出訴の通知等、審決取消訴訟における特許庁長官の意見、審決又は決定の取消し及び裁判の正本等の送付）の規定は、前項の訴えに準用する。この場合において、同法第百七十八条第二項中「当該審判」とあるのは「当該登録異議の申立てについての審理、審判」と、同法第百七十九条中「特許無効審判若しくは延長登録無効審判」とあるのは「商標法第四十六条第一項、第五十条第一項、第五十一条第一項、第五十二条の二第一項、第五十三条第一項若しくは第五十三条の二の審判」と読み替えるものとする。

（防護標章登録に基づく権利の存続期間の更新登録）

第六五条の三　（略）

2　（略）

3　防護標章登録に基づく権利の存続期間の更新登録の出願をする者は、前項の規定により更新登録の出願をすることができる期間内にその出願ができなかつたことについて正当な理由があるときは、その理由がなくなつた日から二月以内でその期間の経過後六月以内に限り、その出願をすることができる。

4　（略）

の確定審決に対する再審に準用する。

（審決等に対する訴え）

第六三条　（略）

2　特許法第百七十八条第二項から第六項まで（出訴期間等）、第百七十九条から第百八十条の二まで（被告適格、出訴の通知及び審決取消訴訟における特許庁長官の意見）、第百八十一条第一項及び第五項（審決又は決定の取消し）並びに第百八十二条（裁判の正本の送付）の規定は、前項の訴えに準用する。この場合において、同法第百七十八条第二項中「当該審判」とあるのは「当該登録異議の申立てについての審理、審判」と、同法第百七十九条中「特許無効審判若しくは延長登録無効審判」とあるのは「商標法第四十六条第一項、第五十条第一項、第五十一条第一項、第五十二条の二第一項、第五十三条第一項若しくは第五十三条の二の審判」と読み替えるものとする。

（防護標章登録に基づく権利の存続期間の更新登録）

第六五条の三　（略）

2　（略）

3　防護標章登録に基づく権利の存続期間の更新登録の出願をする者は、その責めに帰することができない理由により前項の規定により更新登録の出願をすることができる期間内にその出願ができなかつたときは、その理由がなくなつた日から十四日（在外者にあつては、二月）以内でその期間の経過後六月以内に限り、その出願をすることができる。

4　（略）

（商標に関する規定の準用）

第六八条　（略）

2　（略）

3　第十八条〔設定登録〕、第二十六条〔効力の及ばない範囲等〕から第二十八条の二まで、第三十二条〔先使用の権利、登録前の使用による権利等〕から第三十三条の三まで、第三十五条〔特許法の準用〕、第三十八条の二〔主張の制限〕、第三十九条〔特許法の準用〕において準用する特許法第百四条の三第一項及び第二項並びに第六十九条の規定は、防護標章登録に基づく権利に準用する。この場合において、第十八条第二項中「第四十条第一項の規定による登録料又は第四十一条の二第一項の規定により商標登録をすべき旨の査定若しくは審決の謄本の送達があつた日から三十日以内に納付すべき登録料」とあるのは、「第六十五条の七第一項の規定による登録料」と読み替えるものとする。

4　（略）

5　（略）

附　則〔昭和三四年法律一二七号抄〕

（書換登録の申請）

第三条　（略）

2　（略）

3　書換登録の申請をすべき者は、前項に規定する期間内にその申請ができなかつたことについて正当な理由があるときは、同項の規定にかかわらず、その理由がなくなつた日から二月以内でその期間の経過後六月以内にその申請をすることができる。

（商標に関する規定の準用）

第六八条　（略）

2　（略）

3　第十八条〔設定登録〕、第二十六条〔効力の及ばない範囲等〕から第二十八条の二まで、第三十二条〔先使用の権利、登録前の使用による権利等〕から第三十三条の三まで、第三十五条〔特許法の準用〕、第三十九条〔特許法の準用〕において準用する特許法第百四条の三及び第六十九条の規定は、防護標章登録に基づく権利に準用する。この場合において、第十八条第二項中「第四十条第一項の規定による登録料又は第四十一条の二第一項の規定により商標登録をすべき旨の査定若しくは審決の謄本の送達があつた日から三十日以内に納付すべき登録料」とあるのは、「第六十五条の七第一項の規定による登録料」と読み替えるものとする。

4　（略）

5　（略）

附　則〔昭和三四年法律一二七号抄〕

（書換登録の申請）

第三条　（略）

2　（略）

3　書換登録の申請をすべき者がその責めに帰することができない理由により前項に規定する期間内にその申請をすることができないときは、同項の規定にかかわらず、その理由のなくなつた日から十四日（在外者にあつては、二月）以内でその期間の経過後六月以内にその申請をすることができる。

（拒絶査定に対する審判における特則）

第一六条　（略）

2　附則第八条の規定は、附則第十三条において準用する第四十四条第一項（拒絶査定に対する審判）の審判の請求を理由があるとする場合に準用する。ただし、附則第十七条第一項において準用する特許法第百六十条第一項（拒絶査定不服審判における特則）の規定によりさらに審査に付すべき旨の審決をするときは、この限りでない。

（審判の規定の準用）

第一六条の二　第五十五条の三（審決の確定範囲の規定）は、書換登録についての審判に準用する。

（特許法の準用）

第十七条　特許法第百三十一条第一項、第百三十一条の二第一項（第二号及び第三号を除く。）、第百三十二条から第百三十三条の二まで、第百三十四条第一項、第三項及び第四項、第百三十五条から第百五十四条まで、第百五十五条第一項及び第二項、第百五十六条第一項、第三項及び第四項、第百五十七条、第百五十八条、第百六十条第一項及び第二項、第百六十一条、第百六十七条並びに第百六十八条から第百七十条まで（審決の効果、審判の請求、審判官、審判の手続、訴訟との関係及び審判における費用）の規定は、書換登録についての審判に準用する。この場合において、同法第百三十一条の二第一項第一号中「特許無効審判以外の審判を請求する場合における前条第一項第三号に掲げる請求の理由」とあるのは「商標法附則第十四条第一項の審判以外の審判を請求する場合における同法附則第十七条第一項において準用する特許法第百三十一条第一項

（拒絶査定に対する審判における特則）

第一六条　（略）

2　附則第八条の規定は、附則第十三条において準用する第四十四条第一項（拒絶査定に対する審判）の審判の請求を理由があるとする場合に準用する。ただし、次条第一項において準用する特許法第百六十条第一項（拒絶査定不服審判における特則）の規定によりさらに審査に付すべき旨の審決をするときは、この限りでない。

（特許法の準用）

第十七条　特許法第百三十一条第一項、第百三十一条の二第一項、第百三十二条から第百三十三条の二まで、第百三十四条第一項、第三項及び第四項、第百三十五条から第百五十四条まで、第百五十五条第一項及び第二項、第百五十六条第一項及び第二項、第百六十一条並びに第百六十七条から第百七十条まで（審決の効果、審判の請求、審判官、審判の手続、訴訟との関係及び審判における費用）の規定は、書換登録についての審判に準用する。この場合において、同法第百三十一条の二第一項中「特許無効審判以外の審判を請求する場合における同項第三号に掲げる請求の理由についてされるとき、又は次項の規定による審判長の許可があつたとき」とあるのは「商標法附則第十四条第一項の審判以外の審判を請求する場合における同法附則第十七条第一項において準用する特許法第百三十一条第一項第三号に掲げる請求の理由につ

第三号に掲げる請求の理由」と、同法第百三十二条第一項及び第百六十七条中「特許無効審判又は延長登録無効審判」とあり、並びに同法第百四十五条第一項及び第百六十九条第一項中「特許無効審判及び延長登録無効審判」とあるのは「商標法附則第十四条第一項の審判」と、同法第百五十六条第一項中「特許無効審判以外の審判においては、事件が」とあるのは「事件が」と、同法第百六十一条中「拒絶査定不服審判」とあり、及び同法第百六十九条第三項中「拒絶査定不服審判及び訂正審判」とあるのは「商標法附則第十三条において準用する第四十四条第一項の審判」と、同法第百六十八条第一項中「他の審判の審決」とあるのは「登録異議の申立てについての決定若しくは他の審判の審決」と読み替えるものとする。

2　（略）

（審判の規定の準用）

第一九条　（略）

2　第五十五条の三（審決の確定範囲）の規定は、書換登録についての審判の確定審決に対する再審に準用する。

（特許法の準用）

第二〇条　特許法第百七十三条（再審の請求期間）並びに第百七十四条第二項及び第四項（審判の規定等の準用）の規定は、書換登録についての再審に準用する。この場合において、同条第二項中「第百六十七条から第百六十八条まで」とあるのは「第百六十七条、第百六十八条」と、「特許無効審判又は延長登録無効審判」とあるのは「商標法附則第十四条第一項の審判」と

いてされるとき」と、同法第百三十二条第一項及び第百六十七条中「特許無効審判又は延長登録無効審判」とあり、並びに同法第百四十五条第一項及び第百六十九条第一項中「特許無効審判及び延長登録無効審判」とあるのは「商標法附則第十四条第一項の審判」と、同法第百三十九条第一号、第二号及び第五号中「当事者若しくは参加人」とあるのは「当事者、参加人若しくは登録異議申立人」と、同条第三号中「当事者又は参加人」とあるのは「当事者、参加人又は登録異議申立人」と、同法第百六十一条中「拒絶査定不服審判」とあり、及び同法第百六十九条第三項中「拒絶査定不服審判及び訂正審判」とあるのは「商標法附則第十三条において準用する第四十四条第一項の審判」と、同法第百六十八条第一項中「他の審判の審決」とあるのは「登録異議の申立てについての決定若しくは他の審判の審決」と読み替えるものとする。

2　（略）

（審判の規定の準用）

第一九条　（略）

（特許法の準用）

第二〇条　特許法第百七十三条（再審の請求期間）並びに第百七十四条第二項及び第四項（審判の規定等の準用）の規定は、書換登録についての再審に準用する。この場合において、同条第二項中「特許無効審判又は延長登録無効審判」とあるのは、「商標法附則第十四条第一項の審判」と読み替えるものとする。

読み替えるものとする。

（意匠法の準用）

第二十一条　意匠法第五十八条第二項（審判の規定の準用）の規定は、附則第十三条において準用する第四十四条第一項の審判の確定審決に対する再審に準用する。この場合において、同法第五十八条第二項中「第百六十七条の二本文、第百六十八条」とあるのは、「第百六十八条」と読み替えるものとする。

（審決等に対する訴え）

第二十二条　（略）

2　特許法第百七十八条第二項から第六項まで（出訴期間等）及び第百七十九条から第百八十二条まで（被告適格、出訴の通知等、審決取消訴訟における特許庁長官の意見、審決又は決定の取消し及び裁判の正本等の送付）の規定は、前項の訴えに準用する。この場合において、同法第百七十九条中「特許無効審判若しくは延長登録無効審判」とあるのは、「商標法附則第十四条第一項の審判」と読み替えるものとする。

（意匠法の準用）

第二十一条　意匠法第五十八条第二項（審判の規定の準用）の規定は、附則第十三条において準用する第四十四条第一項の審判の確定審決に対する再審に準用する。

（審決等に対する訴え）

第二十二条　（略）

2　特許法第百七十八条第二項から第六項まで（出訴期間等）、第百七十九条から第百八十条の二まで（被告適格、出訴の通知及び審決取消訴訟における特許庁長官の意見）、第百八十一条第一項及び第五項（審決又は決定の取消し）並びに第百八十二条（裁判の正本の送付）の規定は、前項の訴えに準用する。この場合において、同法第百七十九条中「特許無効審判若しくは延長登録無効審判」とあるのは、「商標法附則第十四条第一項の審判」と読み替えるものとする。

○特許協力条約に基づく国際出願等に関する法律（第五条関係）

改正

（取り下げられたものとみなす旨の決定）

第七条　特許庁長官は、国際出願が次の各号のいずれかに該当するときは、その国際出願が取り下げられたものとみなす旨の決定をしなければならない。

一　（略）

二　第十八条第二項（同項の表三の項に掲げる部分を除く。）、第三項又は第四項の規定により納付すべき手数料が経済産業省令で定める期間内に納付されなかつたとき。

三　（略）

（国際調査報告）

第八条　（略）

2　（略）

3　（略）

4　特許庁長官は、国際出願が条約第十七条(3)(a)の発明の単一性の要件を満たしていないときは、出願人に対し、相当の期間を指定して、七万八千円に請求の範囲に記載されている発明の数から一を減じて得た数を乗じて得た金額の範囲内において政令で定める金額の手数料を追加して納付すべきことを命じなければならない。

5　（略）

現行

（取り下げられたものとみなす旨の決定）

第七条　特許庁長官は、国際出願が次の各号のいずれかに該当するときは、その国際出願が取り下げられたものとみなす旨の決定をしなければならない。

一　（略）

二　第十八条第一項第一号若しくは第二号、同条第二項又は同条第三項の規定により納付すべき手数料が経済産業省令で定める期間内に納付されなかつたとき。

三　（略）

（国際調査報告）

第八条　（略）

2　（略）

3　（略）

4　特許庁長官は、国際出願が条約第十七条(3)(a)の発明の単一性の要件を満たしていないときは、出願人に対し、相当の期間を指定して、実費を勘案して政令で定める金額の手数料を追加して納付すべきことを命じなければならない。

5　（略）

（国際予備審査報告）

第一二条　（略）

2　（略）

3　特許庁長官は、国際予備審査の請求に係る国際出願が条約第三十四条(3)(a)の発明の単一性の要件を満たしていないときは、出願人に対し、相当の期間を指定して、国際予備審査を受けようとする請求の範囲を減縮し、又は二万千円に当該請求の範囲に記載されている発明の数から一を減じて得た数を乗じて得た金額の範囲内において政令で定める金額の手数料を追加して納付すべきことを命じなければならない。

4　（略）

（国際予備審査の請求の手続の不備等）

第一四条　国際予備審査の請求につき、第十八条第二項（同項の表三の項に掲げる部分に限る。）又は第四項の規定により納付すべき手数料が納付されていないことその他経済産業省令で定める事由がある場合において特許庁長官又は出願人が執るべき手続及びその効果については、政令で定める。

（手数料）

第一八条　第九条〔文献の写しの請求〕（第十五条において準用する場合を含む。）の規定による請求をする者は、実費を勘案して政令で定める金額の手数料を納付しなければならない。

（国際予備審査報告）

第一二条　（略）

2　（略）

3　特許庁長官は、国際予備審査の請求に係る国際出願が条約第三十四条(3)(a)の発明の単一性の要件を満たしていないときは、出願人に対し、相当の期間を指定して、国際予備審査を受けようとする請求の範囲を減縮し、又は実費を勘案して政令で定める金額の手数料を追加して納付すべきことを命じなければならない。

4　（略）

（国際予備審査の請求の手続の不備等）

第一四条　国際予備審査の請求につき、第十八条第一項第四号又は同条第三項の規定により納付すべき手数料が納付されていないことその他経済産業省令で定める事由がある場合において特許庁長官又は出願人が執るべき手続及びその効果については、政令で定める。

（手数料）

第一八条　次の各号に掲げる者は、実費を勘案して政令で定める金額の手数料を納付しなければならない。

一　特許庁が国際調査をする国際出願をする者

二　特許庁以外の条約に規定する国際調査機関が国際調査をする国際出願をする者

三　第九条〔文献の写しの請求〕（第十五条において準用する場合を含む。）の規定による請求をする者

四　国際予備審査の請求をする者

2　次の表の中欄に掲げる者は、それぞれ同表の下欄に掲げる金額の範囲内において政令で定める金額の手数料を納付しなければならない。

一	特許庁が国際調査をする国際出願をする者	一件につき十一万円
二	特許庁以外の条約に規定する国際調査機関が国際調査をする国際出願をする者	一件につき一万三千円
三	国際予備審査の請求をする者	一件につき三万六千円

3　前項の表二の項の中欄に掲げる者は、前項の規定により納付すべき手数料のほか、経済産業省令で定めるところにより、経済産業省令で定める金額の同表二の項に規定する国際調査機関に対する手数料を納付しなければならない。

4　第二項の表の中欄に掲げる者は、前二項の規定により納付すべき手数料のほか、経済産業省令で定めるところにより、経済産業省令で定める金額の国際事務局（条約第二条(xix)の国際事務局をいう。以下同じ。）に対する手数料を納付しなければならない。

5　特許法第百九十五条第四項、第五項、第七項、第八項、第十一項及び第十二項の規定は、第一項及び第二項の規定により納付すべき手数料並びに第八条第四項又は第十二条第三項の規定により追加して納付すべきことを命じられた手数料に準用する。

2　前項第二号に掲げる者は、同項の規定により納付すべき手数料のほか、経済産業省令で定めるところにより、経済産業省令で定める金額の同号に規定する国際調査機関に対する手数料を納付しなければならない。

3　第一項第一号、第二号及び第四号に掲げる者は、前二項の規定により納付すべき手数料のほか、経済産業省令で定めるところにより、経済産業省令で定める金額の国際事務局（条約第二条(xix)の国際事務局をいう。以下同じ。）に対する手数料を納付しなければならない。

4　特許法第百九十五条第四項、第五項、第七項、第八項、第十一項及び第十二項の規定は、第一項の規定により納付すべき手数料及び第八条第四項又は第十二条第三項の規定により追加して納付すべきことを命じられた手数料に準用する。

○大学等における技術に関する研究成果の民間事業者への移転の促進に関する法律（第六条関係）

改正	現行
（特許料の特例等） 第一三条　（略） ２　（略） ３　特許庁長官は、第一項の認定を受けた者が同項に規定する試験研究独立行政法人技術移転事業を実施するときは、政令で定めるところにより、特許法第百七条第一項の規定による第一年から第十年までの各年分の特許料を軽減し若しくは免除し、又はその納付を猶予することができる。 ４　（略）	（特許料の特例等） 第一三条　（略） ２　（略） ３　特許庁長官は、第一項の認定を受けた者が同項に規定する試験研究独立行政法人技術移転事業を実施するときは、政令で定めるところにより、特許法第百七条第一項の規定による第一年から第三年までの各年分の特許料を軽減し若しくは免除し、又はその納付を猶予することができる。 ４　（略）

○産業活力の再生及び産業活動の革新に関する特別措置法（第七条関係）

改正

目次
第一章　総則（第一条―第四条）
第二章　事業再構築、経営資源再活用、経営資源融合、資源生産性革新等の円滑化
　第一節　事業活動の計画（第五条―第一三条）
　第二節　設備導入の計画（第一四条―第一七条）
　第三節　特例措置等（第一八条―第三〇条）
第二章の二　株式会社産業革新機構による特定事業活動の支援等
　第一節　総則（第三〇条の二―第三〇条の七）
　第二節　設立（第三〇条の八―第三〇条の一三）
　第三節　管理
　　第一款　取締役等（第三〇条の一四・第三〇条の一五）
　　第二款　産業革新委員会（第三〇条の一六―第三〇条の二一）
　　第三款　定款の変更（第三〇条の二二）
　第四節　業務
　　第一款　業務の範囲（第三〇条の二三）
　　第二款　支援基準（第三〇条の二四）
　　第三款　業務の実施（第三〇条の二五―第三〇条の二七）
　第五節　国の援助等（第三〇条の二八）
　第六節　財務及び会計（第三〇条の二九―第三〇条の三二）
　第七節　監督（第三〇条の三三―第三〇条の三四）
　第八節　解散等（第三〇条の三五・第三〇条の三六）

現行

目次
第一章　総則（第一条―第四条）
第二章　事業再構築、経営資源再活用、経営資源融合、資源生産性革新等の円滑化
　第一節　事業活動の計画（第五条―第一三条）
　第二節　設備導入の計画（第一四条―第一七条）
　第三節　特例措置等（第一八条―第三〇条）
第二章の二　株式会社産業革新機構による特定事業活動の支援等
　第一節　総則（第三〇条の二―第三〇条の七）
　第二節　設立（第三〇条の八―第三〇条の一三）
　第三節　管理
　　第一款　取締役等（第三〇条の一四・第三〇条の一五）
　　第二款　産業革新委員会（第三十条の一六―第三〇条の二一）
　　第三款　定款の変更（第三〇条の二二）
　第四節　業務
　　第一款　業務の範囲（第三〇条の二三）
　　第二款　支援基準（第三〇条の二四）
　　第三款　業務の実施（第三〇条の二五―第三〇条の二七）
　第五節　国の援助等（第三〇条の二八）
　第六節　財務及び会計（第三〇条の二九―第三〇条の三二）
　第七節　監督（第三〇条の三三―第三〇条の三四）
　第八節　解散等（第三〇条の三五・第三〇条の三六）

第三章　中小企業の活力の再生
第一節　創業及び中小企業者による新事業の開拓の円滑化（第三一条—第三九条）
第二節　中小企業承継事業再生の円滑化（第三九条の二—第三九条の六）
第三節　中小企業再生支援体制の整備（第四〇条—第四七条）
第四章　事業再生の円滑化（第四八条—第五四条）
第五章　事業活動における知的財産権の活用（第五五条—第七一条）
第六章　雑則（第七二条—第七七条）
第七章　罰則（第七八条—第八五条）
附則

（定義）
第二条　（略）
2　（略）
3　（略）
4　（略）
5　（略）
6　（略）
7　（略）
8　（略）
9　（略）
10　（略）
11　（略）
12　（略）

第三章　中小企業の活力の再生
第一節　創業及び中小企業者による新事業の開拓の円滑化（第三一条—第三九条）
第二節　中小企業承継事業再生の円滑化（第三九条の二—第三九条の六）
第三節　中小企業再生支援体制の整備（第四〇条—第四七条）
第四章　事業再生の円滑化（第四八条—第五四条）
第五章　事業活動における知的財産権の活用
第一節　特許料の特例等（第五五条—第五七条）
第二節　特定通常実施権登録（第五八条—第七一条）
第六章　雑則（第七二条—第七七条）
第七章　罰則（第七八条—第八五条）
附則

（定義）
第二条　（略）
2　（略）
3　（略）
4　（略）
5　（略）
6　（略）
7　（略）
8　（略）
9　（略）
10　（略）
11　（略）
12　（略）

13 （略）
14 （略）
15 （略）
16 （略）
17 （略）
18 （略）
19 （略）
20 （略）
21 （略）
22 （略）
23 （略）
24 （略）
25 （略）

---

13 （略）
14 （略）
15 （略）
16 （略）
17 （略）
18 （略）
19 （略）
20 （略）
21 （略）
22 （略）
23 （略）
24 （略）
25 （略）
26 この法律において「特定通常実施権許諾契約」とは、法人である特許権者、実用新案権者又は特許権若しくは実用新案権についての専用実施権者が、他の法人に、その特許権、実用新案権又は専用実施権（特許権又は実用新案権についての専用実施権をいう。以下同じ。）についての通常実施権（第六十三条第一項及び第二項第一号を除き、以下単に「通常実施権」という。）を許諾することを内容とする書面（電磁的記録（電子的方式、磁気的方式その他人の知覚によっては認識することができない方式で作られる記録であって、電子計算機による情報処理の用に供されるものをいう。第三十条の十九第九項及び第三十条の二十第二項第二号において同じ。）で作成されているものを含む。以下この項において同じ。）でされた契約であって、当該書面に許諾の対象となるすべての特許権、実用新案権又は専用実施権に係る特許番号（特許法（昭和三十四年法律第百二十一号）第六十六条第三項第六号の特許番号をいう。以下

（運営）

第三〇条の一九　（略）

2　（略）

3　（略）

4　（略）

5　（略）

6　（略）

7　（略）

8　（略）

9　前項の議事録が電磁的記録（電子的方式、磁気的方式その他人の知覚によっては認識することができない方式で作られる記録であって、電子計算機による情報処理の用に供されるものをいう。以下この項及び次条第二項第二号において同じ。）をもって作成されている場合における当該電磁的記録に記録された事項については、経済産業省令で定める署名又は記名押印に代わる措置をとらなければならない。

同じ。）又は実用新案登録番号（実用新案法（昭和三十四年法律第百二十三号）第十四条第三項第六号又は特許法等の一部を改正する法律（平成五年法律第二十六号）附則第四条第一項の規定によりなおその効力を有するものとされた同法第三条の規定による改正前の実用新案法第十四条第三項の登録番号をいう。以下同じ。）が記載されているもの以外のものをいう。

27　この法律において「特定通常実施権登録簿」とは、特定通常実施権許諾契約により許諾された通常実施権について、この法律の規定により登録すべき事項を記録する帳簿をいう。

〔産業活力の再生及び産業活動の革新に関する特別措置法の一部を改正する法律（平成二三年法律第四八号）による改正後〕

（運営）

第三〇条の一九　（略）

2　（略）

3　（略）

4　（略）

5　（略）

6　（略）

7　（略）

8　（略）

9　前項の議事録が電磁的記録をもって作成されている場合における当該電磁的記録に記録された事項については、経済産業省令で定める署名又は記名押印に代わる措置をとらなければならない。

10　（略）

第五章　事業活動における知的財産権の活用

（特許料の特例）

第五六条　特許庁長官は、大学等における技術に関する研究成果の民間事業者への移転の促進に関する法律（平成十年法律第五十二号）第四条第一項の承認を受けた者（同法第五条第一項の変更の承認を受けた者を含む。次条及び附則第四条において「承認事業者」という。）が同法第二条第一項の特定大学技術移転事業（次条及び附則第四条において「特定大学技術移転事業」という。）を実施するときは、政令で定めるところにより、特許法（昭和三十四年法律第百二十一号）第百七条第一項の規定による第一年から第十年までの各年分の特許料を軽減し若しくは免除し、又はその納付を猶予することができる。

（出願審査の請求の手数料の特例）

第五七条　特許庁長官は、承認事業者が特定大学技術移転事業を実施するときは、政令で定めるところにより、自己の特許出願について特許法第百九十五条第二項　の規定により納付すべき出願審査の請求の手数料を軽減し、又は免除することができる。

第五八条　削除

10　（略）

第五章　事業活動における知的財産権の活用

第一節　特許料の特例等

（特許料の特例）

第五六条　特許庁長官は、大学等における技術に関する研究成果の民間事業者への移転の促進に関する法律（平成十年法律第五十二号）第四条第一項の承認を受けた者（同法第五条第一項の変更の承認を受けた者を含む。次条及び附則第四条において「承認事業者」という。）が同法第二条第一項の特定大学技術移転事業（次条及び附則第四条において「特定大学技術移転事業」という。）を実施するときは、政令で定めるところにより、特許法第百七条第一項の規定による第一年から第三年までの各年分の特許料を軽減し若しくは免除し、又はその納付を猶予することができる。

（出願審査の請求の手数料の特例）

第五七条　特許庁長官は、承認事業者が特定大学技術移転事業を実施するときは、政令で定めるところにより、自己の特許出願について特許法第百九十五条第二項　の規定により納付すべき出願審査の請求の手数料を軽減し、又は免除することができる。

第二節　特定通常実施権登録

（通常実施権の対抗要件に関する特例）

第五八条　特定通常実施権許諾契約により通常実施権が許諾された場合において、当該許諾に係る通常実施権につき特定通常実施権登録簿に登録をしたときは、当該通常実施権について、特

第五九条　削除

許法第九十九条第一項（実用新案法第十九条第三項において準用する場合を含む。）の登録があったものとみなす。

2　特定通常実施権許諾契約により通常実施権が許諾された場合において、当該許諾に係る通常実施権の全部の移転又は処分の制限につき特定通常実施権登録簿に登録をしたときは、当該通常実施権について、特許法第九十九条第三項（実用新案法第十九条第三項において準用する場合を含む。）の登録があったものとみなす。

3　前二項の規定により登録をした場合における当該通常実施権については、特許法第六十七条の三第一項第二号、第八十四条、第八十七条第一項、第百二十三条第四項及び第百二十五条の二第一項第二号並びに実用新案法第二十一条第三項において準用する特許法第八十四条及び第八十七条第一項並びに実用新案法第三十七条第四項の規定は、適用しない。

（特定通常実施権登録）

第五九条　特許庁に、特定通常実施権登録簿を備える。

2　特定通常実施権登録簿は、その全部又は一部を磁気ディスク（これに準ずる方法により一定の事項を確実に記録しておくことができる物を含む。以下同じ。）をもって調製することができる。

3　前条第一項及び第二項に規定する特定通常実施権登録簿への登録（以下「特定通常実施権登録」という。）は、特定通常実施権登録簿に、次に掲げる事項を記録することによって行う。

一　登録の目的

二　特定通常実施権許諾契約により通常実施権を許諾した者の商号又は名称及び本店又は主たる事務所の所在地

三　特定通常実施権許諾契約により通常実施権の許諾を受けた

第六〇条　削除

第六一条　削除

者の商号又は名称及び本店又は主たる事務所の所在地

四　特定通常実施権許諾契約における許諾の対象となる特許権、実用新案権又は専用実施権を特定するために必要な事項で経済産業省令で定めるもの

五　特定通常実施権許諾契約において設定行為で定めた特許発明の実施又は登録実用新案の実施をする範囲

六　申請の受付の年月日

七　登録の存続期間

八　登録番号

九　登録の年月日

4　前項第七号の存続期間は、十年を超えることができない。

（登録の申請）

第六〇条　第五十八条第一項の登録は、特定通常実施権許諾契約により通常実施権を許諾した者及び特定通常実施権許諾契約により通常実施権の許諾を受けた者が申請しなければならない。

2　第五十八条第二項の特定通常実施権許諾契約に係る通常実施権の全部の移転の登録は、当該通常実施権を移転した者及び当該通常実施権の移転を受けた者が申請しなければならない。

（延長登録）

第六一条　特定通常実施権許諾契約により通常実施権を許諾した者であって特定通常実施権登録を受けたもの（以下「特定通常実施権許諾者」という。）及び特定通常実施権許諾契約により通常実施権の許諾を受けた者であって特定通常実施権登録を受けたもの（以下「特定通常実施権者」という。）は、特定通常実施権登録の存続期間を延長する登録を申請することができる。

第六二条　削除

第六三条　削除

2　前項の規定による登録は、当該特定通常実施権登録に係る特定通常実施権登録簿の記録に、次に掲げる事項を記録することによって行う。

一　当該特定通常実施権登録の存続期間を延長する旨

二　延長後の存続期間

三　申請の受付の年月日

四　登録の年月日

3　前項第二号の存続期間は、十年を超えることができない。

（抹消登録）

第六二条　特定通常実施権許諾者及び特定通常実施権者は、次に掲げる事由があるときは、特定通常実施権登録を抹消する登録を申請することができる。

一　特定通常実施権許諾契約による通常実施権の許諾が効力を生じないこと。

二　特定通常実施権許諾契約による通常実施権の許諾が取消し、解除その他の原因により効力を失ったこと。

三　特定通常実施権許諾契約に係る通常実施権の全部が消滅したこと。

2　前項の規定による登録は、当該特定通常実施権登録に係る特定通常実施権登録簿の記録に、次に掲げる事項を記録することによって行う。

一　当該特定通常実施権登録を抹消する旨

二　申請の受付の年月日

三　登録の年月日

（登録対象外登録）

第六三条　特定通常実施権者は、特許庁長官に対し、その特定通

第六四条　削除

常実施権許諾契約に係る特定通常実施権許諾者の特定の特許権、実用新案権又は専用実施権についての通常実施権（当該特定通常実施権許諾者の特定の特許権、実用新案権又は専用実施権が他人に移転された場合における当該特定の特許権、実用新案権又は専用実施権についての通常実施権を含む。）が、当該特定通常実施権許諾契約に係る特定通常実施権登録の対象でないことの登録を申請することができる。

2　前項の規定による登録は、当該特定通常実施権登録に係る特定通常実施権登録簿の記録に、次に掲げる事項を記録することによって行う。

一　特定の特許権、実用新案権又は専用実施権についての通常実施権が、当該特定通常実施権登録の対象でない旨

二　当該特定通常実施権登録の対象でない通常実施権に係る特許権、実用新案権又は専用実施権に係る特許番号又は実用新案登録番号

三　申請の受付の年月日

四　登録の年月日

（登録事項証明書等の交付）

第六四条　何人も、特許庁長官に対し、特定通常実施権登録簿に記録されている事項（第五十九条第三項第三号から第五号までに掲げる事項を除く。以下この項において同じ。）の閲覧若しくは謄写（特定通常実施権登録簿の全部又は一部が磁気ディスクをもって調製されているときは、当該磁気ディスクをもって調製された部分に記録されている事項を経済産業省令で定める方法により表示したものの閲覧又は謄写）又は当該事項を証明した書面（第六十九条第一項第二号において「開示事項証明書」という。）の交付を請求することができる。

2　次に掲げる者は、特許庁長官に対し、それぞれに係る特定通常実施権許諾者に係る特定通常実施権登録について、特定通常実施権登録簿に記録されている事項（第五十九条第三項第四号及び第五号に掲げる事項を除く。）を証明した書面（以下「登録事項概要証明書」という。）の交付を請求することができる。ただし、当該交付の請求の時において、当該特定通常実施権登録の存続期間が満了している場合若しくは当該特定通常実施権登録が抹消されている場合又はその取得し、その差し押さえ、若しくは仮に差し押さえ、若しくはその質権の目的とした特許権、実用新案権若しくは専用実施権について当該特定通常実施権登録簿に前条第一項の登録がされている場合には、当該特定通常実施権登録簿に記録されている事項については、この限りでない。

一　特定通常実施権許諾者から特許権、実用新案権若しくは専用実施権又はその特許権若しくは実用新案権についての専用実施権を取得した者

二　前号に掲げる者が取得した同号の特許権、実用新案権若しくは専用実施権又はその特許権若しくは実用新案権についての専用実施権をその後に取得した者

三　特定通常実施権許諾者の特許権、実用新案権若しくは専用実施権を差し押さえ、又は仮に差し押さえた債権者

四　特定通常実施権許諾者の特許権、実用新案権又は専用実施権を目的とする質権を取得した者

五　前各号に掲げる者について利害関係を有する者として政令で定めるもの

3　次に掲げる者は、特許庁長官に対し、その特定通常実施権登録について、特定通常実施権登録簿に記録されている事項を証明した書面（以下「登録事項証明書」という。）又は登録事項

概要証明書の交付を請求することができる。
一　特定通常実施権許諾者又は特定通常実施権者
二　特定通常実施権許諾者又は特定通常実施権者について利害関係を有する者として政令で定めるもの

4　前項に掲げる場合のほか、第二項各号に掲げる者は、それぞれに係る特定通常実施権許諾者の特定通常実施権登録において特定通常実施権許諾契約により通常実施権の許諾を受けた者として記録されている者に対し、当該特定通常実施権登録に係る登録事項証明書の交付を特許庁長官に対して請求する旨を通知した場合は、当該通知の到達した日から政令で定める期間を経過した後において、特許庁長官に対し、当該登録事項証明書の交付を請求することができる。ただし、当該交付の請求の時において、当該特定通常実施権登録の存続期間が満了している場合若しくは当該特定通常実施権登録が抹消されている場合又はその取得し、その差し押さえ、若しくは仮に差し押さえ、若しくはその質権の目的とした特許権、実用新案権若しくは専用実施権について当該特定通常実施権登録簿に前条第一項の登録がされている場合には、当該特定通常実施権登録簿に記録されている事項については、この限りでない。

5　前項の通知は、経済産業省令で定める事項を記載した確定日付のある証書による方法その他経済産業省令で定める方法によってしなければならない。

6　第四項の通知は、同項の特定通常実施権許諾契約により通常実施権の許諾を受けた者として記録されている者に係る特定通常実施権登録簿に記録された本店又は主たる事務所の所在地にあてて発すれば足りる。

7　第四項の通知は、その通知が通常到達すべきであった時に、到達したものとみなす。

第六五条　削除

第六六条　削除

第六七条　削除

第六八条　削除

第六九条　削除

8　第一項から第四項までの特許庁長官に対する請求の手続に関し必要な事項は、経済産業省令で定める。

（行政手続法の適用除外）

第六五条　この節の規定又は当該規定に基づく命令の規定による処分については、行政手続法第二章及び第三章の規定は、適用しない。

（行政機関の保有する情報の公開に関する法律の適用除外）

第六六条　特定通常実施権登録簿については、行政機関の保有する情報の公開に関する法律（平成十一年法律第四十二号）の規定は、適用しない。

（行政機関の保有する個人情報の保護に関する法律　の適用除外）

第六七条　特定通常実施権登録簿に記録されている保有個人情報（行政機関の保有する個人情報の保護に関する法律（平成十五年法律第五十八号）第二条第三項に規定する保有個人情報をいう。）については、同法第四章の規定は、適用しない。

（異議申立てと訴訟との関係）

第六八条　この節の規定又は当該規定に基づく命令の規定による処分の取消しの訴えは、当該処分についての異議申立てに対する決定を経た後でなければ、提起することができない。

（手数料の納付）

第六九条　次に掲げる者は、実費を勘案して政令で定める額の手数料を納めなければならない。

第七〇条　削除

第七一条　削除

一　第六十四条第一項の規定により閲覧又は謄写を請求する者
二　開示事項証明書の交付を請求する者
三　登録事項概要証明書の交付を請求する者
四　登録事項証明書の交付を請求する者

2　前項の手数料の納付は、経済産業省令で定めるところにより、特許印紙をもってしなければならない。

3　過誤納の手数料は、納付した者の請求により返還する。

4　前項の規定による手数料の返還は、納付した日から一年を経過した後は、請求することができない。

（特許法の準用）

第七〇条　特許法第三条及び第五条第一項の規定は、この節の規定又は当該規定に基づく命令に規定する手続についての期間に準用する。

2　特許法第七条、第八条、第十一条から第十六条まで、第十七条第三項及び第四項、第十八条第一項、第二十条並びに第二十五条の規定は、この節の規定又は当該規定に基づく命令の規定による手続に準用する。この場合において、同法第十七条第三項第三号中「第百九十五条第一項から第三項まで」とあるのは、「産業活力の再生及び産業活動の革新に関する特別措置法第六十九条第一項」と読み替えるものとする。

（政令への委任）

第七一条　この法律に規定するもののほか、特定通常実施権登録に関し必要な事項は、政令で定める。

○産業技術力強化法（第八条関係）

改正

（特許料等の特例）

第十七条　特許庁長官は、特許法（昭和三十四年法律第百二十一号）第百七条第一項の規定による第一年から第十年までの各年分の特許料を納付すべき者が次に掲げる者であって産業技術力の強化を図るため特に必要なものとして政令で定める要件に該当するものであるときは、政令で定めるところにより、特許料を軽減し若しくは免除し、又はその納付を猶予することができる。

一　学校教育法第一条に規定する大学（以下この条において単に「大学」という。）の学長、副学長、学部長、教授、准教授、助教、講師、助手若しくはその他の職員のうち専ら研究に従事する者、同法第一条に規定する高等専門学校（以下この条において単に「高等専門学校」という。）の校長、教授、准教授、助教、講師、助手若しくはその他の職員のうち専ら研究に従事する者又は国立大学法人法（平成十五年法律第百十二号）第二条第三項に規定する大学共同利用機関法人（以下単に「大学共同利用機関法人」という。）の長若しくはその職員のうち専ら研究に従事する者（以下「大学等研究者」と総称する。）

二　大学若しくは高等専門学校を設置する者又は大学共同利用機関法人

現行

（特許料等の特例）

第一七条　特許庁長官は、特許法（昭和三十四年法律第百二十一号）第百七条第一項の規定による第一年から第三年までの各年分の特許料を納付すべき者が次に掲げる者であるときは、政令で定めるところにより、特許料を軽減し若しくは免除し、又はその納付を猶予することができる。

一　その特許発明（職務発明（特許法第三十五条第一項に規定するものをいう。以下同じ。）に限る。）の発明者である学校教育法第一条に規定する大学（以下この条において単に「大学」という。）の学長、副学長、学部長、教授、准教授、助教、講師、助手若しくはその他の職員のうち専ら研究に従事する者、同法第一条に規定する高等専門学校（以下この条において単に「高等専門学校」という。）の校長、教授、准教授、助教、講師、助手若しくはその他の職員のうち専ら研究に従事する者又は国立大学法人法（平成十五年法律第百十二号）第二条第三項に規定する大学共同利用機関法人（以下単に「大学共同利用機関法人」という。）の長若しくはその職員のうち専ら研究に従事する者（以下「大学等研究者」と総称する。）

二　その特許発明が大学等研究者がした職務発明である場合において、その大学等研究者から特許を受ける権利を承継した当該大学若しくは高等専門学校を設置する者又は大学共同利

三　試験研究独立行政法人（独立行政法人のうち高等専門学校を設置する者であるもの以外のものであって、試験研究に関する業務を行うものとして政令で定めるものをいう。）

四　公設試験研究機関（地方公共団体に置かれる試験所、研究所その他の機関（学校教育法第二条第二項に規定する公立学校を除く。）であって、試験研究に関する業務を行うものをいう。）を設置する者

用機関法人

三　その特許発明が大学等研究者と大学等研究者以外の者との共同で行われたものである場合（当該特許発明が大学等研究者について職務発明である場合に限る。）において、当該特許発明に係るこれらの者の共有に係る特許を受ける権利をこれらの者から承継した当該大学若しくは高等専門学校を設置する者又は大学共同利用機関法人

四　その特許発明が試験研究独立行政法人（独立行政法人のうち高等専門学校を設置する者であるもの以外のものであって、試験研究に関する業務を行うものとして政令で定めるものをいう。以下この条において同じ。）の役員又はその職員のうち専ら研究に従事する者（以下この条において「試験研究独立行政法人研究者」という。）がした職務発明である場合において、その試験研究独立行政法人研究者から特許を受ける権利を承継した当該試験研究独立行政法人

五　その特許発明が試験研究独立行政法人研究者と試験研究独立行政法人研究者以外の者との共同で行われたものである場合（当該特許発明が試験研究独立行政法人研究者について職務発明である場合に限る。）において、当該特許発明に係るこれらの者の共有に係る特許を受ける権利をこれらの者から承継した当該試験研究独立行政法人

六　その特許発明が公設試験研究機関（地方公共団体に置かれる試験所、研究所その他の機関（学校教育法第二条第二項に規定する公立学校を除く。）であって、試験研究に関する業務を行うものをいう。以下この条において同じ。）の長又はその職員のうち専ら研究に従事する者（以下この条において「公設試験研究機関研究者」という。）がした職務発明である場合において、その公設試験研究機関研究者から特許を受け

五　試験研究地方独立行政法人（地方独立行政法人のうち地方独立行政法人法第六十八条第一項に規定する公立大学法人以外のものであって、試験研究に関する業務を行うものをいう。）

る権利を承継した当該公設試験研究機関を設置する者

七　その特許発明が公設試験研究機関研究者と公設試験研究機関研究者以外の者との共同で行われたものである場合（当該特許発明が公設試験研究機関研究者について職務発明である場合に限る。）において、当該特許発明に係るこれらの者の共有に係る特許を受ける権利をこれらの者から承継した当該公設試験研究機関を設置する者

八　その特許発明が試験研究地方独立行政法人（地方独立行政法人のうち地方独立行政法人法第六十八条第一項に規定する公立大学法人以外のものであって、試験研究に関する業務を行うものをいう。以下この条において同じ。）の役員又はその職員のうち専ら研究に従事する者（以下この条において「試験研究地方独立行政法人研究者」という。）がした職務発明である場合において、その試験研究地方独立行政法人研究者から特許を受ける権利を承継した当該試験研究地方独立行政法人

九　その特許発明が試験研究地方独立行政法人研究者と試験研究地方独立行政法人研究者以外の者との共同で行われたものである場合（当該特許発明が試験研究地方独立行政法人研究者について職務発明である場合に限る。）において、当該特許発明に係るこれらの者の共有に係る特許を受ける権利をこれらの者から承継した当該試験研究地方独立行政法人

十　その特許発明が大学等研究者がした職務発明である場合であって、当該特許発明に係る特許を受ける権利が大学等における技術に関する研究成果の民間事業者への移転の促進に関する法律第四条第一項の承認を受けた者（同法第五条第一項の変更の承認を受けた者を含む。以下この条及び附則第三条において「承認事業者」という。）に承継されていた場合に

2　特許庁長官は、自己の特許出願について出願審査の請求をする者が前項各号に掲げる者であって産業技術力の強化を図るため特に必要なものとして政令で定める要件に該当するものであるときは、政令で定めるところにより、特許法第百九十五条第二項の規定により納付すべき出願審査の請求の手数料を軽減し、又は免除することができる。

おいて、当該承認事業者から当該特許を受ける権利を承継した当該大学若しくは高等専門学校を設置する者又は大学共同利用機関法人

十一　その特許発明が大学等研究者と大学等研究者以外の者との共同で行われたものである場合（当該特許発明が大学等研究者について職務発明である場合に限る。）であって、当該特許発明に係るこれらの者の共有に係る特許を受ける権利が承認事業者に承継されていた場合において、当該承認事業者から当該特許を受ける権利を承継した当該大学若しくは高等専門学校を設置する者又は大学共同利用機関法人

2　特許庁長官は、自己の特許出願について出願審査の請求をする者が次に掲げる者であるときは、政令で定めるところにより、特許法第百九十五条第二項の規定により納付すべき出願審査の請求の手数料を軽減し、又は免除することができる。

一　その発明（職務発明に限る。）の発明者である大学等研究者

二　その発明が大学等研究者がした職務発明である場合において、その大学等研究者から特許を受ける権利を承継した当該大学若しくは高等専門学校を設置する者又は大学共同利用機関法人

三　その発明が大学等研究者と大学等研究者以外の者との共同で行われたものである場合（当該発明が大学等研究者について職務発明である場合に限る。）において、当該発明に係るこれらの者の共有に係る特許を受ける権利をこれらの者から承継した当該大学若しくは高等専門学校を設置する者又は大学共同利用機関法人

四　その発明が試験研究独立行政法人研究者がした職務発明である場合において、その試験研究独立行政法人研究者から特許を受ける権利を承継した当該試験研究独立行政法人

五　その発明が試験研究独立行政法人研究者と試験研究独立行政法人研究者以外の者との共同で行われたものである場合（当該発明が試験研究独立行政法人研究者について職務発明である場合に限る。）において、当該発明に係るこれらの者の共有に係る特許を受ける権利をこれらの者から承継した当該試験研究独立行政法人

六　その発明が公設試験研究機関研究者がした職務発明である場合において、その公設試験研究機関研究者から特許を受ける権利を承継した当該公設試験研究機関を設置する者

七　その発明が公設試験研究機関研究者と公設試験研究機関研究者以外の者との共同で行われたものである場合（当該発明が公設試験研究機関研究者について職務発明である場合に限る。）において、当該発明に係るこれらの者の共有に係る特許を受ける権利をこれらの者から承継した当該公設試験研究機関を設置する者

八　その発明が試験研究地方独立行政法人研究者がした職務発明である場合において、その試験研究地方独立行政法人研究者から特許を受ける権利を承継した当該試験研究地方独立行政法人

九　その発明が試験研究地方独立行政法人研究者と試験研究地方独立行政法人研究者以外の者との共同で行われたものである場合（当該発明が試験研究地方独立行政法人研究者について職務発明である場合に限る。）において、当該発明に係るこれらの者の共有に係る特許を受ける権利をこれらの者から承継した当該試験研究地方独立行政法人

第一八条　特許庁長官は、特許法第百七条第一項の規定による第一年から第十年までの各年分の特許料を納付すべき者が産業技術力の強化を図るため特に必要なものとして政令で定める要件に該当する者であるときは、政令で定めるところにより、特許料を軽減し若しくは免除し、又はその納付を猶予することができる。

2　特許庁長官は、自己の特許出願について出願審査の請求をす

十　その発明が大学等研究者がした職務発明である場合であって、当該発明に係る特許を受ける権利が承認事業者に承継されていた場合において、当該承認事業者から当該特許を受ける権利を承継した当該大学若しくは高等専門学校を設置する者又は大学共同利用機関法人

十一　その発明が大学等研究者と大学等研究者以外の者との共同で行われたものである場合（当該発明が大学等研究者について職務発明である場合に限る。）であって、当該発明に係るこれらの者の共有に係る特許を受ける権利が承認事業者に承継されていた場合において、当該承認事業者から当該特許を受ける権利を承継した当該大学若しくは高等専門学校を設置する者又は大学共同利用機関法人

第一八条　特許庁長官は、特許法第百七条第一項の規定による第一年から第三年までの各年分の特許料を納付すべき者が次に掲げる者であって産業技術力の強化を図るため特に必要なものとして政令で定める要件に該当する者であるときは、政令で定めるところにより、特許料を軽減し若しくは免除し、又はその納付を猶予することができる。

一　その特許発明の発明者

二　その特許発明が従業者等（特許法第三十五条第一項に規定するものをいう。以下この条において同じ。）がした職務発明であって、契約、勤務規則その他の定めによりあらかじめ使用者等（同項に規定するものをいう。以下この条において同じ。）に特許を受ける権利を承継させることが定められている場合において、その従業者等から特許を受ける権利を承継した使用者等

2　特許庁長官は、自己の特許出願について出願審査の請求をす

る者が産業技術力の強化を図るため特に必要なものとして政令で定める要件に該当する者であるときは、政令で定めるところにより、特許法第百九十五条第二項の規定により納付すべき出願審査の請求の手数料を軽減し、又は免除することができる。

附　則〔平成一二年法律第四四号抄〕

（国立大学法人等に係る特許料等に関する経過措置等）

第三条　次に掲げる特許権又は特許を受ける権利について特許法第百七条第一項の規定により納付すべき特許料、同法第百九十五条第一項若しくは第二項の規定により納付すべき手数料又は工業所有権に関する手続等の特例に関する法律（平成二年法律第三十号）第四十条第一項の規定により納付すべき手数料に関する特許法第百七条第二項の規定、同法第百九十五条第四項及び第五項の規定（これらの規定を特許協力条約に基づく国際出願等に関する法律（昭和五十三年法律第三十号）第十八条第五項において準用する場合を含む。）又は工業所有権に関する手続等の特例に関する法律第四十条第三項及び第四項の規定の適用については、国立大学法人（国立大学法人法第二条第一項に規定する国立大学法人をいう。）、大学共同利用機関法人又は独立行政法人国立高等専門学校機構（以下この条において「国立大学法人等」という。）は、国とみなす。

る者が次に掲げる者であって産業技術力の強化を図るため特に必要なものとして政令で定める要件に該当する者であるときは、政令で定めるところにより、特許法第百九十五条第二項の規定により納付すべき出願審査の請求の手数料を軽減し、又は免除することができる。

一　その発明の発明者

二　その発明が従業者等がした職務発明であって、契約、勤務規則その他の定めによりあらかじめ使用者等に特許を受ける権利を承継させることが定められている場合において、その従業者等から特許を受ける権利を承継した使用者等

附　則〔平成一二年法律第四四号抄〕

（国立大学法人等に係る特許料等に関する経過措置等）

第三条　次に掲げる特許権又は特許を受ける権利について特許法第百七条第一項の規定により納付すべき特許料、同法第百九十五条第一項若しくは第二項の規定により納付すべき手数料又は工業所有権に関する手続等の特例に関する法律（平成二年法律第三十号）第四十条第一項の規定により納付すべき手数料に関する特許法第百七条第二項の規定、同法第百九十五条第四項及び第五項の規定（これらの規定を特許協力条約に基づく国際出願等に関する法律（昭和五十三年法律第三十号）第十八条第四項において準用する場合を含む。）又は工業所有権に関する手続等の特例に関する法律第四十条第三項及び第四項の規定の適用については、国立大学法人（国立大学法人法第二条第一項に規定する国立大学法人をいう。）、大学共同利用機関法人又は独立行政法人国立高等専門学校機構（以下この条において「国立大学法人等」という。）は、国とみなす。

一　（略）
二　（略）
三　（略）
四　大学等における技術に関する研究成果の民間事業者への移転の促進に関する法律第四条第一項の承認を受けた者（同法第五条第一項の変更の承認を受けた者を含む。以下この号において「承認事業者」という。）が国立大学法人等から譲渡を受けた特許権若しくは特許を受ける権利（前三号に掲げるものに限る。）又は当該特許を受ける権利に基づいて取得した特許権（平成十九年三月三十一日までにされた特許出願に係るものに限る。）であって、当該国立大学法人等が当該承認事業者から承継したもの

2　（略）

一　（略）
二　（略）
三　（略）
四　承認事業者が国立大学法人等から譲渡を受けた特許権若しくは特許を受ける権利（前三号に掲げるものに限る。）又は当該特許を受ける権利に基づいて取得した特許権（平成十九年三月三十一日までにされた特許出願に係るものに限る。）であって、当該国立大学法人等が当該承認事業者から承継したもの

2　（略）

○中小企業のものづくり基盤技術の高度化に関する法律（第九条関係）

改正	現行
（特許料等の特例） 第九条　特許庁長官は、認定計画に従って行われる特定研究開発等の成果に係る特許発明（当該認定計画における特定研究開発等の実施期間の終了日から起算して二年以内に出願されたものに限る。）又は当該特許発明を実施するために認定計画に従って承継した特許権若しくは特許を受ける権利に係る特許発明について、特許法（昭和三十四年法律第百二十一号）第百七条第一項の規定による第一年から第十年までの各年分の特許料を納付すべき者が当該特定研究開発等を行う中小企業者であるときは、政令で定めるところにより、特許料を軽減し若しくは免除し、又はその納付を猶予することができる。 2　特許庁長官は、認定計画に従って行われる特定研究開発等の成果に係る発明（当該認定計画における特定研究開発等の実施期間の終了日から起算して二年以内に出願されたものに限る。）又は当該発明を実施するために認定計画に従って承継した特許を受ける権利に係る発明に関する自己の特許出願について、そ	（特許料等の特例） 第九条　特許庁長官は、認定計画に従って行われる特定研究開発等の成果に係る特許発明（当該認定計画における特定研究開発等の実施期間の終了日から起算して二年以内に出願されたものに限る。）について、特許法（昭和三十四年法律第百二十一号）第百七条第一項の規定による第一年から第六年までの各年分の特許料を納付すべき者が次に掲げる者であって当該特定研究開発等を行う中小企業者であるときは、政令で定めるところにより、特許料を軽減し若しくは免除し、又はその納付を猶予することができる。 一　その特許発明の発明者 二　その特許発明が特許法第三十五条第一項に規定する従業者等（以下「従業者等」という。）がした同項に規定する職務発明（以下「職務発明」という。）であって、契約、勤務規則その他の定めによりあらかじめ同項に規定する使用者等（以下「使用者等」という。）に特許を受ける権利を承継させることが定められている場合において、その従業者等から特許を受ける権利を承継した使用者等 2　特許庁長官は、認定計画に従って行われる特定研究開発等の成果に係る発明（当該認定計画における特定研究開発等の実施期間の終了日から起算して二年以内に出願されたものに限る。）に関する自己の特許出願について、その出願審査の請求をする者が次に掲げる者であって当該特定研究開発等を行う中

の出願審査の請求をする者が当該特定研究開発等を行う中小企業者であるときは、政令で定めるところにより、特許法第百九十五条第二項の規定により納付すべき出願審査の請求の手数料を軽減し、又は免除することができる。

小企業者であるときは、政令で定めるところにより、特許法第百九十五条第二項の規定により納付すべき出願審査の請求の手数料を軽減し、又は免除することができる。

一　その発明の発明者

二　その発明が従業者等がした職務発明であって、契約、勤務規則その他の定めによりあらかじめ使用者等に特許を受ける権利を承継させることが定められている場合において、その従業者等から特許を受ける権利を承継した使用者等

○印紙をもってする歳入金納付に関する法律（附則第一二条関係）

改正	現行
第二条　前条又は他の法令の規定により印紙をもって租税及び国の歳入金を納付するときは、収入印紙を用いなければならない。ただし、次の各号に掲げる場合は、この限りでない。 一　（略） 二　（略） 三　（略） 四　（略） 五　特許法（昭和三十四年法律第百二十一号）第百七条第一項の規定により特許料を、同法第百十二条第二項の規定により割増特許料を、同法第百九十五条第一項から第三項までの規定により手数料を、実用新案法（昭和三十四年法律第百二十三号）第三十一条第一項の規定により登録料を、同法第三十三条第二項の規定により割増登録料を、同法第五十四条第一項若しくは第二項の規定により手数料を、意匠法（昭和三十四年法律第百二十五号）第四十二条第一項の規定により登録料を、同法第四十四条第二項の規定により割増登録料を、同法第六十七条第一項若しくは第二項の規定により手数料を、商標法（昭和三十四年法律第百二十七号）第四十条第一項若しくは第二項、第四十一条の二第一項若しくは第二項若しくは第六十五条の七第一項若しくは第二項の規定により登録料を、同法第四十三条第一項から第三項までの規定により割増登録料を、同法第七十六条第一項若しくは第二項の規定により手数料を、特許協力条約に基づく国際出願等に関す	第二条　前条又は他の法令の規定により印紙をもって租税及び国の歳入金を納付するときは、収入印紙を用いなければならない。ただし、次の各号に掲げる場合は、この限りでない。 一　（略） 二　（略） 三　（略） 四　（略） 五　特許法（昭和三十四年法律第百二十一号）第百七条第一項の規定により特許料を、同法第百十二条第二項の規定により割増特許料を、同法第百九十五条第一項から第三項までの規定により手数料を、実用新案法（昭和三十四年法律第百二十三号）第三十一条第一項の規定により登録料を、同法第三十三条第二項の規定により割増登録料を、同法第五十四条第一項若しくは第二項の規定により手数料を、意匠法（昭和三十四年法律第百二十五号）第四十二条第一項の規定により登録料を、同法第四十四条第二項の規定により割増登録料を、同法第六十七条第一項若しくは第二項の規定により手数料を、商標法（昭和三十四年法律第百二十七号）第四十条第一項若しくは第二項、第四十一条の二第一項若しくは第二項若しくは第六十五条の七第一項若しくは第二項の規定により登録料を、同法第四十三条第一項から第三項までの規定により割増登録料を、同法第七十六条第一項若しくは第二項の規定により手数料を、特許協力条約に基づく国際出願等に関す

る法律（昭和五十三年法律第三十号）第八条第四項、第十二条第三項若しくは第十八条第一項若しくは第二項の規定により手数料を、工業所有権に関する手続等の特例に関する法律（平成二年法律第三十号）第四十条第一項の規定により手数料を、又はその他工業所有権に関する事務に係る手数料を納付するとき。

2　前項に規定する収入印紙、労働保険の保険料の徴収等に関する法律第二十三条第二項に規定する雇用保険印紙、道路運送車両法第百二条第三項に規定する自動車検査登録印紙、健康保険法第百六十九条第三項に規定する健康保険印紙、自動車重量税法に規定する自動車重量税印紙並びに特許法、実用新案法、意匠法、商標法及び工業所有権に関する手続等の特例に関する法律に規定する特許印紙の形式は、財務大臣が、これを定める。

る法律（昭和五十三年法律第三十号）第八条第四項、第十二条第三項若しくは第十八条第一項の規定により手数料を、工業所有権に関する手続等の特例に関する法律（平成二年法律第三十号）第四十条第一項の規定により手数料を、産業活力の再生及び産業活動の革新に関する特別措置法（平成十一年法律第百三十一号）第六十九条第一項の規定により手数料を又はその他工業所有権に関する事務に係る手数料を納付するとき。

2　前項に規定する収入印紙、労働保険の保険料の徴収等に関する法律第二十三条第二項に規定する雇用保険印紙、道路運送車両法第百二条第三項に規定する自動車検査登録印紙、健康保険法第百六十九条第三項に規定する健康保険印紙、自動車重量税法に規定する自動車重量税印紙並びに特許法、実用新案法、意匠法、商標法、工業所有権に関する手続等の特例に関する法律及び産業活力の再生及び産業活動の革新に関する特別措置法に規定する特許印紙の形式は、財務大臣が、これを定める。

○登録免許税法（附則第一三条関係）

改正

別表第一　課税範囲、課税標準及び税率の表（第二条、第五条、第九条、第十条、第十三条、第十五条―第十七条、第十七条の三―第十九条、第二十三条、第二十四条、第三十四条関係）

登記、登録、特許、免許、許可、認可、認定、指定又は技能証明の事項	課税標準	税率
十三　特許権の登録（特許権の信託の登録を含む		
(一)　（略）		
(二)　専用実施権（仮専用実施権を含む。以下この号において同じ。）の設定又は保存の登録（仮専用実施権に係る特許出願について特許権の設定の登録があつたことに伴い当該仮専用実施権又は登録した仮通常実施権の設定行為で定めた範囲内において受けるものを除く。）	専用実施権の件数	一件につき一万五千円
(三)　特許権若しくは専用実施権を目的とする質権の設定又は特許権、専用実施権若しくは当該質権の処分の制限の登録	債権金額	千分の四

現行

別表第一　課税範囲、課税標準及び税率の表（第二条、第五条、第九条、第十条、第十三条、第十五条―第十七条、第十七条の三―第十九条、第二十三条、第二十四条、第三十四条関係）

登記、登録、特許、免許、許可、認可、認定、指定又は技能証明の事項	課税標準	税率
十三　特許権の登録（特許権の信託の登録を含み、特定通常実施権の登録を除く。）		
(一)　（略）		
(二)　専用実施権（仮専用実施権を含む。以下この号において同じ。）又は通常実施権（仮通常実施権を含む。以下この号において同じ。）の設定又は保存の登録（仮専用実施権又は登録した仮通常実施権に係る特許出願について特許権の設定の登録があつたことに伴い当該仮専用実施権又は登録した仮通常実施権の設定行為で定めた範囲内において受けるものを除く。）	専用実施権又は通常実施権の件数	一件につき一万五千円
(三)　特許権、専用実施権若しくは通常実施権を目的とする質権の設定又は特許権、専用実施権、通常実施権若しくは当	債権金額	千分の四

登録の事項	課税標準	税率
(四) 専用実施権の移転又は特許権若しくは専用実施権を目的とする質権の移転の登録		
イ 相続又は法人の合併による移転の登録	特許権又は専用実施権（以下この号において「特許権等」という。）の件数	一件につき千五百円
ロ その他の原因による移転の登録	特許権等の件数	一件につき三千円
(五) （略）		
(六) （略）		
(七) （略）		
十四 実用新案権の登録（実用新案権の信託の登録を含む。）		
(一) （略）		
(二) 専用実施権の設定又は保存の登録	専用実施権又は通常実施権の件数	一件につき九千円
(三) 実用新案権若しくは専用実施権を目的とする質権の設定又は実用新案権、専用実施権若しくは当該質権の処分の制限の登録	債権金額	千分の四

登録の事項	課税標準	税率
該質権の処分の制限の登録		
(四) 専用実施権若しくは通常実施権の移転又は特許権若しくはこれらの権利を目的とする質権の移転の登録		
イ 相続又は法人の合併による移転の登録	特許権、専用実施権又は通常実施権（以下この号において「特許権等」という。）の件数	一件につき千五百円
ロ その他の原因による移転の登録	特許権等の件数	一件につき三千円
(五) （略）		
(六) （略）		
(七) （略）		
十四 実用新案権の登録（実用新案権の信託の登録を含み、特定通常実施権の登録を除く。）		
(一) （略）		
(二) 専用実施権又は通常実施権の設定又は保存の登録	専用実施権又は通常実施権の件数	一件につき九千円
(三) 実用新案権、専用実施権若しくは通常実施権を目的とする質権の設定又は実用新案権、専用実施権、通常実施権若しくは当該質権の処分の制限の登録	債権金額	千分の四

（四） 専用実施権の移転又は実用新案権若しくは専用実施権を目的とする質権の移転の登録		
イ 相続又は法人の合併による移転の登録	実用新案権又は専用実施権（以下この号において「実用新案権等」という。）の件数	一件につき千五百円
ロ その他の原因による移転の登録	実用新案権等の件数	一件につき三千円
（五） （略）		
（六） （略）		
（七） （略）		

（四） 専用実施権若しくは通常実施権の移転又はこれらの権利若しくは実用新案権を目的とする質権の移転の登録		
イ 相続又は法人の合併による移転の登録	実用新案権、専用実施権又は通常実施権（以下この号において「実用新案権等」という。）の件数	一件につき千五百円
ロ その他の原因による移転の登録	実用新案権等の件数	一件につき三千円
（五） （略）		
（六） （略）		
（七） （略）		
十四の二 特定通常実施権の登録		
（一） 特定通常実施権（産業活力の再生及び産業活動の革新に関する特別措置法（平成十一年法律第百三十一号）第二条第二十七項（定義）に規定する特定通常実施権許諾契約により許諾された通常実施権をいう。以下この号において同じ。）の設定の登録	登録件数	一件につき十五万円
（二） 特定通常実施権の移転の登録		

登録事項	課税標準	税率
十五　意匠権の登録（意匠権の信託の登録を含む。）		
（一）（略）		
（二）専用実施権の設定又は保存の登録	専用実施権の件数	一件につき九千円
（三）意匠権若しくは専用実施権を目的とする質権の設定又は意匠権、専用実施権若しくは当該質権の処分の制限の登録	債権金額	千分の四
（四）専用実施権の移転又は意匠権若しくは専用実施権を目的とする質権の移転の登録		
イ　相続又は法人の合併による移転の登録	意匠権又は専用実施権（以下この	一件につき千五百円

登録事項	課税標準	税率
イ　法人の合併による移転の登録	登録件数	一件につき一万五千円
ロ　その他の原因による移転の登録	登録件数	一件につき三万円
（三）（一）に掲げる登録の存続期間を延長する登録	登録件数	一件につき七万五千円
（四）特定通常実施権の処分の制限の登録	債権金額	千分の四
（五）（一）から（四）まで、（六）及び（七）に掲げる登録以外の登録	登録件数	一件につき一万円
（六）登録の更正その他の政令で定める登録	登録件数	一件につき千円
（七）登録の抹消	登録件数	一件につき千円
十五　意匠権の登録（意匠権の信託の登録を含む。）		
（一）（略）		
（二）専用実施権又は通常実施権の設定又は保存の登録	専用実施権又は通常実施権の件数	一件につき九千円
（三）意匠権、専用実施権若しくは通常実施権を目的とする質権の設定又は意匠権、専用実施権、通常実施権若しくは当該質権の処分の制限の登録	債権金額	千分の四
（四）専用実施権若しくは通常実施権の移転又はこれらの権利若しくは意匠権を目的とする質権の移転の登録		
イ　相続又は法人の合併による移転の登録	意匠権、専用実施権	一件につき千五百円

	号において「意匠権等」という。）の件数	
ロ　その他の原因による移転の登録	意匠権等の件数	一件につき三千円
(五)（略）		
(六)（略）		
(七)（略）		
十六　商標権の登録（商標権の信託の登録を含み、国際登録簿への登録を除く。）		
(一)（略） (二)（略） (三)（略） (四)（略） (五)（略） (六)（略） (七)（略）		
百二十五　道路運送事業の許可又は事業計画の変更の認可 （注）地域公共交通の活性化及び再生に関する法律第十五条（道路運送法の特例）又は第三十四条第一項（道路運送法の特例）の規定により一般旅客自動車運送事業の許可又は事業計画の変更の認可を受けたものとみなされる場合における同法第十四条第三項（道路運送高度化実施計画の認定）（同条第七項において準用する場合を含む。）の規定による道路運送高度化実施計画の認定又は同法第三十条第三項（新地域旅客運送事業計画の認定）の規定による新地域旅客運送事業計画の認定は当該許可又は事業計画の変更の認可と、同		

	又は通常実施権（以下この号において「意匠権等」という。）の件数	
ロ　その他の原因による移転の登録	意匠権等の件数	一件につき三千円
(五)（略）		
(六)（略）		
(七)（略）		
十六　商標権の登録（商標権の信託の登録を含み、国際登録簿への登録を除く。）		
(一)（略） (二)（略） (三)（略） (四)（略） (五)（略） (六)（略） (七)（略）		
百二十五　道路運送事業の許可又は事業計画の変更の認可 （注）地域公共交通の活性化及び再生に関する法律第十五条（道路運送法の特例）又は第三十四条第一項（道路運送法の特例）の規定により一般旅客自動車運送事業の許可又は事業計画の変更の認可を受けたものとみなされる場合における同法第十四条第三項（道路運送高度化実施計画の認定）（同条第七項において準用する場合を含む。）の規定による道路運送高度化実施計画の認定又は同法第三十条第三項（新地域旅客運送事業計画の認定）の規定による新地域旅客運送事業計画の認定は当該許可又は事業計画の変更の認可と、同		

法第二十三条第一項（道路運送法の特例）若しくは第三十四条第二項又は特定地域における一般乗用旅客自動車運送事業の適正化及び活性化に関する特別措置法（平成二十一年法律第六十四号）第十三条第二項（道路運送法の特例）の規定により事業計画の変更の認可を受けたものとみなされる場合における地域公共交通の活性化及び再生に関する法律第二十二条第三項（乗継円滑化実施計画の認定）（同条第七項において準用する場合を含む。）の規定による乗継円滑化実施計画の認定若しくは同法第三十条第七項において準用する同条第三項の規定による新地域旅客運送事業計画の変更の認定又は特定地域における一般乗用旅客自動車運送事業の適正化及び活性化に関する特別措置法第十一条第四項（特定事業計画の認定）（同条第六項において準用する場合を含む。）の規定による特定事業計画の認定は当該事業計画の変更の認可と、流通業務の総合化及び効率化の促進に関する法律（平成十七年法律第八十五号。以下「流通業務総合効率化促進法」という。）第十一条第一項（貨物自動車運送事業法の特例）又は産業活力の再生及び産業活動の革新に関する特別措置法（平成十一年法律第百三十一号）第二十二条の四第一項若しくは第二項（貨物自動車運送事業法の特例）の規定により一般貨物自動車運送事業の許可を受けたものとみなされる場合における流通業務総合効率化促進法第四条第一項（総合効率化計画の認定）の規定による総合効率化計画の認定又は産業活力の再生及び産業活動の革新に関する特別措置法第十一条第一項（資源生産性革新計画の認定）の規定による資源生産性革新計画の認定若しくは同法第十二条第一項（資源生産性革新計画の変更等）の規定による資源生産性革新計画の変更の認定は当該許可とみなす。

法第二十三条第一項（道路運送法の特例）若しくは第三十四条第二項又は特定地域における一般乗用旅客自動車運送事業の適正化及び活性化に関する特別措置法（平成二十一年法律第六十四号）第十三条第二項（道路運送法の特例）の規定により事業計画の変更の認可を受けたものとみなされる場合における地域公共交通の活性化及び再生に関する法律第二十二条第三項（乗継円滑化実施計画の認定）（同条第七項において準用する場合を含む。）の規定による乗継円滑化実施計画の認定若しくは同法第三十条第七項において準用する同条第三項の規定による新地域旅客運送事業計画の変更の認定又は特定地域における一般乗用旅客自動車運送事業の適正化及び活性化に関する特別措置法第十一条第四項（特定事業計画の認定）（同条第六項において準用する場合を含む。）の規定による特定事業計画の認定は当該事業計画の変更の認可と、流通業務の総合化及び効率化の促進に関する法律（平成十七年法律第八十五号。以下「流通業務総合効率化促進法」という。）第十一条第一項（貨物自動車運送事業法の特例）又は産業活力の再生及び産業活動の革新に関する特別措置法第二十二条の四第一項若しくは第二項（貨物自動車運送事業法の特例）の規定により一般貨物自動車運送事業の許可を受けたものとみなされる場合における流通業務総合効率化促進法第四条第一項（総合効率化計画の認定）の規定による総合効率化計画の認定又は産業活力の再生及び産業活動の革新に関する特別措置法第十一条第一項（資源生産性革新計画の認定）の規定による資源生産性革新計画の認定若しくは同法第十二条第一項（資源生産性革新計画の変更等）の規定による資源生産性革新計画の変更の認定は当該許可とみなす。

○工業所有権に関する手続等の特例に関する法律（附則第一四条関係）

改正	現行
（ファイルに記録されている事項の閲覧等の請求） 第一二条　（略） 2　（略） 3　特許法第百八十六条第一項ただし書及び第二項（実用新案法第五十五条第一項において準用する場合を含む。）、意匠法第六十三条第一項ただし書及び第二項並びに商標法第七十二条第一項ただし書及び第二項の規定は、前二項の規定による閲覧又は書類の交付に準用する。 4　（略） 5　（略）	（ファイルに記録されている事項の閲覧等の請求） 第一二条　（略） 2　（略） 3　特許法第百八十六条第一項ただし書及び第二項（実用新案法第五十五条第一項において準用する場合を含む。）並びに特許法第百八十六条第三項（実用新案法第五十五条第一項において読み替えて準用する場合を含む。）、意匠法第六十三条第一項ただし書及び第二項並びに商標法第七十二条第一項ただし書及び第二項の規定は、前二項の規定による閲覧又は書類の交付に準用する。 4　（略） 5　（略）
（見込額の予納） 第一四条　特許法第百七条第一項の特許料若しくは同法第百十二条第二項の割増特許料その他工業所有権に関する登録料若しくは割増登録料（以下「特許料等」という。）又は第四十条第一項、特許法第百九十五条第一項から第三項まで、実用新案法第五十四条第一項若しくは第二項、意匠法第六十七条第一項若しくは第二項、商標法第七十六条第一項若しくは第二項若しくは国際出願法第八条第四項、第十二条第三項若しくは第十八条第一項若しくは第二項の手数料（経済産業省令で定める手続について納付すべきものに限る。以下この章において同じ。）を納	（見込額の予納） 第一四条　特許法第百七条第一項の特許料若しくは同法第百十二条第二項の割増特許料その他工業所有権に関する登録料若しくは割増登録料（以下「特許料等」という。）又は第四十条第一項、特許法第百九十五条第一項から第三項まで、実用新案法第五十四条第一項若しくは第二項、意匠法第六十七条第一項若しくは第二項、商標法第七十六条第一項若しくは第二項若しくは国際出願法第八条第四項、第十二条第三項若しくは第十八条第一項の手数料（経済産業省令で定める手続について納付すべきものに限る。以下この章において同じ。）を納付しようとする

付しようとする者は、経済産業省令で定めるところによりあらかじめ特許庁長官に届け出た場合に限り、納付すべき当該特許料等又は手数料の見込額（以下単に「見込額」という。）を予納することができる。

2 （略）

3 （略）

4 （略）

者は、経済産業省令で定めるところによりあらかじめ特許庁長官に届け出た場合に限り、納付すべき当該特許料等又は手数料の見込額（以下単に「見込額」という。）を予納することができる。

2 （略）

3 （略）

4 （略）

○商標法の一部を改正する法律（平成三年法律第六五号）（附則第一六条関係）

改正	現行
附則 （施行後六月間にした商標登録出願についての先願の特例） 第四条 （略） 2 この法律の施行の日から六月間にした役務に係る商標登録出願については、新法第四条第一項(第十一号に係る部分に限る。)及び第八条第一項の規定は、適用しない。 3 （略）	附則 （施行後六月間にした商標登録出願についての先願の特例） 第四条 （略） 2 この法律の施行の日から六月間にした役務に係る商標登録出願については、新法第四条第一項（第十一号及び第十三号に係る部分に限る。）及び第八条第一項の規定は、適用しない。 3 （略）

○平成五年旧実用新案法（附則第一七条関係）

改正

（出願公開の効果等）

第一三条の三　（略）

2　（略）

3　（略）

4　第十二条第三項及び第四項並びに第二十八条、特許法第五十二条の二（訴訟手続の中止）、裁判所法等の一部を改正する法律（平成十六年法律第百二十号）第四条の規定による改正後の特許法（以下「平成十六年改正特許法」という。）第百四条の二（具体的態様の明示義務）、第百五条（書類の提出等）、第百五条の二（損害計算のための鑑定）、第百五条の四から第百五条の七まで（秘密保持命令、秘密保持命令の取消し、訴訟記録の閲覧等の請求の通知等及び当事者尋問等の公開停止）及び第百六十八条第三項から第六項まで（訴訟との関係）、特許法等の一部を改正する法律（平成二十三年法律第六十三号）第一条の規定による改正後の特許法第百四条の三及び第百四条の四（特許権者等の権利行使の制限及び主張の制限）並びに民法（明治二十九年法律第八十九号）第七百十九条及び第七百二十四条（不法行為）の規定は、第一項の規定による請求権を行使する場合に準用する。この場合において、当該請求権を有するものが当該実用新案登録出願の出願公告前に当該実用新案登録出願に係る考案の実施の事実及びその実施をしたものを知つたときは、民法第七百二十四条中「被害者又ハ其法定代理人ガ損害及ビ加害者ヲ知リタル時」とあるのは、「当該実用

現行

（出願公開の効果等）

第一三条の三　（略）

2　（略）

3　（略）

4　第十二条第三項及び第四項並びに第二十八条、特許法第五十二条の二（訴訟手続の中止）、裁判所法等の一部を改正する法律（平成十六年法律第百二十号）第四条の規定による改正後の特許法（以下「平成十六年改正特許法」という。）第百四条の二から第百五条の二まで（具体的態様の明示義務、特許権者等の権利行使の制限、書類の提出等及び損害計算のための鑑定）、第百五条の四から第百五条の七まで（秘密保持命令、秘密保持命令の取消し、訴訟記録の閲覧等の請求の通知等及び当事者尋問等の公開停止）及び第百六十八条第三項から第六項まで（訴訟との関係）並びに民法（明治二十九年法律第八十九号）第七百十九条及び第七百二十四条（不法行為）の規定は、第一項の規定による請求権を行使する場合に準用する。この場合において、当該請求権を有するものが当該実用新案登録出願の出願公告前に当該実用新案登録出願に係る考案の実施の事実及びその実施をしたものを知つたときは、民法第七百二十四条中「被害者又ハ其法定代理人ガ損害及ビ加害者ヲ知リタル時」とあるのは、「当該実用新案登録出願ノ出願公告ノ日」と読み替えるものとする。

新案登録出願ノ出願公告ノ日」と読み替えるものとする。

○特許法等の一部を改正する法律（平成五年法律第二六号）（附則第一九条関係）

改正

附　則

（第三条の規定による実用新案法の改正に伴う経過措置）

第四条　（略）

2　前項の場合において、特許法等の一部を改正する法律（平成二十三年法律第六十三号。以下「平成二十三年改正法」という。）の施行後に請求される旧実用新案法第三十七条第一項、第三十九条第一項又は第四十八条の十二第一項の審判については、前項の規定によりなおその効力を有するものとされる旧実用新案法の次の表の上欄に掲げる規定中同表の中欄に掲げる字句は、それぞれ同表の下欄に掲げる字句に読み替えるほか、同項の規定の適用に関し必要な技術的読替えは、政令で定める。

第七条の二第二項	並びに第三十九条第三項	並びに第三十九条第七項（第四十条の二第九項において準用する場合を含む。）
第三十七条	第三十七条　実用新案登録が次の各号の一に該当するときは、その実用新案登録を無効にすることについて審判を請求することができる。この	第三十七条　実用新案登録が次の各号のいずれかに該当するときは、その実用新案登録を無効にすることについて審判を請求することができる。この場合にお

現行

附　則

（第三条の規定による実用新案法の改正に伴う経過措置）

第四条　（略）

2　前項の場合において、特許法等の一部を改正する法律（平成十五年法律第四十七号。以下「平成十五年改正法」という。）の施行後に請求される旧実用新案法第三十七条第一項、第三十九条第一項又は第四十八条の十二第一項の審判については、前項の規定によりなおその効力を有するものとされる旧実用新案法の次の表の上欄に掲げる規定中同表の中欄に掲げる字句は、それぞれ同表の下欄に掲げる字句に読み替えるほか、同項の規定の適用に関し必要な技術的読替えは、政令で定める。

第七条の二第二項	並びに第三十九条第三項	並びに第三十九条第五項（第四十条の二第五項において準用する場合を含む。）
第三十七条	第三十七条　実用新案登録が次の各号の一に該当するときは、その実用新案登録を無効にすることについて審判を請求することができる。この	第三十七条　実用新案登録が次の各号のいずれかに該当するときは、その実用新案登録を無効にすることについて審判を請求することができる。この場合にお

場合において、二以上の請求項に係るものについては、請求項ごとに請求することができる。

一　その実用新案登録が第三条、第三条の二、第四条、第七条第一項から第三項まで若しくは第八項、第九条第一項において準用する特許法第三十八条又は第五十五条第三項において準用する特許法第二十五条の規定に違反してされたとき。

二　その実用新案登録が条約に違反してされたとき。

いて、二以上の請求項に係るものについては、請求項ごとに請求することができる。

一　その実用新案登録が第三条、第三条の二、第四条、第七条第一項から第三項まで若しくは第八項、第九条第一項において準用する特許法第三十八条又は第五十五条第三項において準用する特許法第二十五条の規定に違反してされたとき。

二　その実用新案登録が条約に違反してされたとき。

二の二　その実用新案登録の願書に添付した明細書又は図面の訂正が第三十九条第一項ただし書若しくは第五項から第七項まで（第四十条の二第九項において準用する場合を含む。）又

場合において、二以上の請求項に係るものについては、請求項ごとに請求することができる。

一　その実用新案登録が第三条、第三条の二、第四条、第七条第一項から第三項まで若しくは第八項、第九条第一項において準用する特許法第三十八条又は第五十五条第三項において準用する特許法第二十五条の規定に違反してされたとき。

二　その実用新案登録が条約に違反してされたとき。

いて、二以上の請求項に係るものについては、請求項ごとに請求することができる。

一　その実用新案登録が第三条、第三条の二、第四条、第七条第一項から第三項まで若しくは第八項、第九条第一項において準用する特許法第三十八条又は第五十五条第三項において準用する特許法第二十五条の規定に違反してされたとき。

二　その実用新案登録が条約に違反してされたとき。

二の二　その実用新案登録の願書に添付した明細書又は図面の訂正が第三十九条第一項ただし書若しくは第三項から第五項まで（第四十条の二第五項において準用する場合を含む。）又は第四十条の二第一

三　その実用新案登録が第五条第四項又は第五項（第三号を除く。）及び第六項に規定する要件を満たしていない実用新案登録出願に対してされたとき。

四　その実用新案登録が考案者でない者であつてその考案について実用新案登録を受ける権利を承継しないものの実用新案登録出願に対してされたとき。

五　実用新案登録がされた後において、その実用新案権者が第五十五条第三項において準用する特許法第二十五条の規定により実用新案権を享有することができない者になつたとき、

は第四十条の二第一項ただし書の規定に違反してされたとき。

三　その実用新案登録が第五条第四項又は第五項（第三号を除く。）及び第六項に規定する要件を満たしていない実用新案登録出願に対してされたとき。

四　その実用新案登録が考案者でない者であつてその考案について実用新案登録を受ける権利を承継しないものの実用新案登録出願に対してされたとき。

五　実用新案登録がされた後において、その実用新案権者が第五十五条第三項において準用する特許法第二十五条の規定により実用新案権を享有することができない者になつたとき、又はその実用新案登

三　その実用新案登録が第五条第四項又は第五項（第三号を除く。）及び第六項に規定する要件を満たしていない実用新案登録出願に対してされたとき。

四　その実用新案登録が考案者でない者であつてその考案について実用新案登録を受ける権利を承継しないものの実用新案登録出願に対してされたとき。

五　実用新案登録がされた後において、その実用新案権者が第五十五条第三項において準用する特許法第二十五条の規定により実用新案権を享有することができない者になつたとき、

項ただし書の規定に違反してされたとき。

三　その実用新案登録が第五条第四項又は第五項（第三号を除く。）及び第六項に規定する要件を満たしていない実用新案登録出願に対してされたとき。

四　その実用新案登録が考案者でない者であつてその考案について実用新案登録を受ける権利を承継しないものの実用新案登録出願に対してされたとき。

五　実用新案登録がされた後において、その実用新案権者が第五十五条第三項において準用する特許法第二十五条の規定により実用新案権を享有することができない者になつたとき、又はその実用新案登

又はその実用新案登録が条約に違反することとなつたとき。

2 前項の審判は、実用新案権の消滅後においても、請求することができる。

3 審判長は、第一項の審判の請求があつたときは、その旨を当該実用新案権についての専用実施権者その他その実用新案登録に関し登録した権利を有する者に通知しなければならな

録が条約に違反することとなつたとき。

2 前項の審判は、何人も請求することができる。ただし、実用新案登録が同項第一号に該当すること（その実用新案登録が第九条第一項において準用する特許法第三十八条の規定に違反してされたときに限る。）又は前項第四号に該当することを理由とするものは、利害関係人に限り請求することができる。

3 第一項の審判は、実用新案権の消滅後においても、請求することができる。

4 審判長は、第一項の審判の請求があつたときは、その旨を当該実用新案権についての専用実施権者その他その実用新案登録に関し登録した権利を有する者に通知しなければならない。

又はその実用新案登録が条約に違反することとなつたとき。

2 前項の審判は、実用新案権の消滅後においても、請求することができる。

3 審判長は、第一項の審判の請求があつたときは、その旨を当該実用新案権についての専用実施権者その他その実用新案登録に関し登録した権利を有する者に通知しなければならな

録が条約に違反することとなつたとき。

2 前項の審判は、何人も請求することができる。ただし、実用新案登録が同項第一号に該当すること（その実用新案登録が第九条第一項において準用する特許法第三十八条の規定に違反してされたときに限る。）又は同項第四号に該当することを理由とするものは、利害関係人に限り請求することができる。

3 第一項の審判は、実用新案権の消滅後においても、請求することができる。

4 審判長は、第一項の審判の請求があつたときは、その旨を当該実用新案権についての専用実施権者その他その実用新案登録に関し登録した権利を有する者に通知しなければならない。

い。

第三十九条から第四十一条まで

第三十九条　実用新案権者は、次に掲げる事項を目的とする場合に限り、願書に添附した明細書又は図面の訂正をすることについて審判を請求することができる。

一　実用新案登録請求の範囲の減縮

二　誤記の訂正

三　明瞭でない記載の釈明

第三十九条　実用新案権者は、願書に添付した明細書又は図面の訂正をすることについて審判を請求することができる。ただし、その訂正は、次に掲げる事項を目的とするものに限る。

一　実用新案登録請求の範囲の減縮

二　誤記の訂正

三　明瞭でない記載の釈明

四　他の請求項の記載を引用する請求項の記載を当該他の請求項の記載を引用しないものとすること。

2　前項の審判は、第三十七条第一項の審判が特許庁に係属した時からその審決（請求項ごとに請求がされた場合にあつては、その全ての審決）が確定するまでの間は、請求することができない。

い。

第三十九条から第四十一条まで

第三十九条　実用新案権者は、次に掲げる事項を目的とする場合に限り、願書に添附した明細書又は図面の訂正をすることについて審判を請求することができる。

一　実用新案登録請求の範囲の減縮

二　誤記の訂正

三　明瞭でない記載の釈明

一　実用新案登録請求の範囲の減縮

二　誤記の訂正

三　明りようでない記載の釈明

2　前項の審判は、第三十七条第一項の審判が特許庁に係属した時からその審決が確定するまでの間は、請求することができない。ただし、同項の審判の審決に対する訴えの提起があつた日から起算して九十日の期間内（当該事件について第四十七

3　二以上の請求項に係る願書に添付した明細書のうち第五条第三項第四号に掲げる事項の訂正をする場合には、請求項ごとに第一項の規定による請求をすることができる。この場合において、当該請求項の中に一の請求項の記載を他の請求項が引用する関係その他経済産業省令で定める関係を有する一群の請求項

条第二項において準用する特許法等の一部を改正する法律（平成十五年法律第四十七号）第一条の規定による改正後の特許法（以下「平成十五年改正特許法」という。）第百八十一条第一項の規定による審決の取消しの判決又は同条第二項の規定による審決の取消しの決定があつた場合においては、その判決又は決定の確定後の期間を除く。）は、この限りでない。

2　前項の明細書又は図面の訂正は、実質上実用新案登録請求

（以下「一群の請求項」という。）があるときは、当該一群の請求項ごとに当該請求をしなければならない。

4　願書に添付した明細書のうち第五条第三項第一号から第三号までに掲げる事項又は図面の訂正をする場合であつて、請求項ごとに第一項の規定による請求をしようとするときは、当該明細書又は図面の訂正に係る請求項の全て（前項後段の規定により一群の請求項ごとに第一項の規定による請求をする場合にあつては、一群の請求項の全て）について行わなければならない。

5　第一項の明細書又は図面の訂正は、願書に添付した明細書又は図面に記載した事項の範囲内においてしなければならない。

6　第一項の明細書又は図面の訂正は、実質上実用新案登録請求の範

2　前項の明細書又は図面の訂正は、実質上実用新案登録請求

3　第一項の明細書又は図面の訂正は、願書に添付した明細書又は図面に記載した事項の範囲内においてしなければならない。

4　第一項の明細書又は図面の訂正は、実質上実用新案登録請求の範

の範囲を拡張し、又は変更するものであつてはならない。

3　第一項第一号の場合は、訂正後における実用新案登録請求の範囲に記載されている事項により構成される考案が実用新案登録出願の際独立して実用新案登録を受けることができるものでなければならない。

4　第一項の審判は、実用新案権の消滅後においても、請求することができる。ただし、第三十七条第一項の審判により無効にされた後は、この限りでない。

（訂正の無効の審判）

第四十条　願書に添附した明細書又は図面の訂正が前条第一項から第三項までの規定に違反しているときは、その訂正を無効にすることについて審判を請求するこ

囲を拡張し、又は変更するものであつてはならない。

7　第一項ただし書第一号に掲げる事項を目的とする訂正は、訂正後における実用新案登録請求の範囲に記載されている事項により構成される考案が実用新案登録出願の際独立して実用新案登録を受けることができるものでなければならない。

8　第一項の審判は、実用新案権の消滅後においても、請求することができる。ただし、第三十七条第一項の審判により無効にされた後は、この限りでない。

（答弁書の提出等）

第四十条　審判長は、審判の請求があつたときは、請求書の副本を被請求人に送達し、相当の期間を指定して、答弁書を提出する機会を与えなければならない。

の範囲を拡張し、又は変更するものであつてはならない。

3　第一項第一号の場合は、訂正後における実用新案登録請求の範囲に記載されている事項により構成される考案が実用新案登録出願の際独立して実用新案登録を受けることができるものでなければならない。

4　第一項の審判は、実用新案権の消滅後においても、請求することができる。ただし、第三十七条第一項の審判により無効にされた後は、この限りでない。

（訂正の無効の審判）

第四十条　願書に添附した明細書又は図面の訂正が前条第一項から第三項までの規定に違反しているときは、その訂正を無効にすることについて審判を請求するこ

囲を拡張し、又は変更するものであつてはならない。

5　第一項ただし書第一号に掲げる事項を目的とする訂正は、訂正後における実用新案登録請求の範囲に記載されている事項により構成される考案が実用新案登録出願の際独立して実用新案登録を受けることができるものでなければならない。

6　第一項の審判は、実用新案権の消滅後においても、請求することができる。ただし、第三十七条第一項の審判により無効にされた後は、この限りでない。

（答弁書の提出等）

第四十条　審判長は、審判の請求があつたときは、請求書の副本を被請求人に送達し、相当の期間を指定して、答弁書を提出する機会を与えなければならない。

とができる。

2　第三十七条第二項及び第三項の規定は、前項の審判の請求に準用する。

2　審判長は、第四十一条において準用する特許法等の一部を改正する法律（平成二十三年法律第六十三号）第一条の規定による改正後の特許法（以下「平成二十三年改正特許法」という。）第百三十一条の二第二項の規定により請求書の補正を許可するときは、その補正に係る手続補正書の副本を被請求人に送達し、相当の期間を指定して、答弁書を提出する機会を与えなければならない。ただし、被請求人に答弁書を提出する機会を与える必要がないと認められる特別の事情があるときは、この限りでない。

3　審判長は、第一項又は前項本文の答弁書を受理したときは、その副本を請求人に送達しなければならない。

4　審判長は、審判に関し、当事者及び参加人

とができる。

2　第三十七条第二項及び第三項の規定は、前項の審判の請求に準用する。

2　審判長は、第四十一条において準用する平成十五年改正特許法第百三十一条の二第二項の規定により請求書の補正を許可するときは、その補正に係る手続補正書の副本を被請求人に送達し、相当の期間を指定して、答弁書を提出する機会を与えなければならない。ただし、被請求人に答弁書を提出する機会を与える必要がないと認められる特別の事情があるときは、この限りでない。

3　審判長は、第一項又は前項本文の答弁書を受理したときは、その副本を請求人に送達しなければならない。

4　審判長は、審判に関し、当事者及び参加人

を審尋することができる。

（訂正の請求）

第四十条の二　第三十七条第一項又は第四十八条の十二第一項の審判の被請求人は、前条第一項若しくは第二項、次条又は第四十一条において準用する特許法第百五十三条第二項若しくは平成二十三年改正特許法第百六十四条の二第二項の規定により指定された期間内に限り、願書に添付した明細書又は図面の訂正を請求することができる。ただし、その訂正は、次に掲げる事項を目的とするものに限る。

一　実用新案登録請求の範囲の減縮

二　誤記の訂正

三　明瞭でない記載の釈明

四　他の請求項の記載を引用する請求項の記載を当該他の請求項の記載を引用しないものとすること。

を審尋することができる。

（訂正の請求）

第四十条の二　第三十七条第一項又は第四十八条の十二第一項の審判の被請求人は、前条第一項若しくは第二項、次条第一項若しくは第二項又は第四十一条において準用する特許法第百五十三条第二項の規定により指定された期間内に限り、願書に添付した明細書又は図面の訂正を請求することができる。ただし、その訂正は、次に掲げる事項を目的とするものに限る。

一　実用新案登録請求の範囲の減縮

二　誤記の訂正

三　明りようでない記載の釈明

2　二以上の請求項に係る願書に添付した明細書のうち第五条第三項第四号に掲げる事項の訂正をする場合には、請求項ごとに前項の訂正の請求をすることができる。ただし、第三十七条第一項又は第四十八条の十二第一項の審判が請求項ごとに請求された場合にあつては、請求項ごとに前項の訂正の請求をしなければならない。

3　前項の場合において、当該請求項の中に一群の請求項があるときは、当該一群の請求項ごとに当該請求をしなければならない。

4　審判長は、第一項の訂正の請求書及びこれに添付された訂正した明細書又は図面を受理したときは、これらの副本を請求人に送達しなければならない。

5　審判官は、第一項の訂正の請求が同項ただし書各号に掲げる事項

2　審判長は、前項の訂正の請求書及びこれに添付された訂正した明細書又は図面を受理したときは、これらの副本を請求人に送達しなければならない。

3　審判官は、第一項の訂正の請求が同項ただし書各号に掲げる事項

を目的とせず、又は第九項において読み替えて準用する第三十九条第五項から第七項までの規定に適合しないことについて、当事者又は参加人が申し立てない理由についても、審理することができる。この場合において、当該理由により訂正の請求を認めないときは、審判長は、審理の結果を当事者及び参加人に通知し、相当の期間を指定して、意見を申し立てる機会を与えなければならない。

6　第一項の訂正の請求がされた場合において、その審判事件において先にした訂正の請求があるときは、当該先の請求は、取り下げられたものとみなす。

7　第一項の訂正の請求は、同項の訂正の請求書に添付された訂正した明細書又は図面について第五十五条第二項において読み替えて準

を目的とせず、又は第五項において読み替えて準用する第三十九条第三項から第五項までの規定に適合しないことについて、当事者又は参加人が申し立てない理由についても、審理することができる。この場合において、当該理由により訂正の請求を認めないときは、審判長は、審理の結果を当事者及び参加人に通知し、相当の期間を指定して、意見を申し立てる機会を与えなければならない。

4　第一項の訂正の請求がされた場合において、その審判事件において先にした訂正の請求があるときは、当該先の請求は、取り下げられたものとみなす。

用する特許法第十七条第一項の補正をすることができる期間内に限り、取り下げることができる。この場合において、第一項の訂正の請求を第二項又は第三項の規定により請求項ごとに又は一群の請求項ごとにしたときは、その全ての請求を取り下げなければならない。

8　第四十一条において準用する平成二十三年改正特許法第百五十五条第三項の規定により第三十七条第一項又は第四十八条の十二第一項の審判の請求が請求項ごとに取り下げられたときは、第一項の訂正の請求は、当該請求項ごとに取り下げられたものとみなし、第三十七条第一項又は第四十八条の十二第一項の審判の審判事件に係る全ての請求が取り下げられたときは、当該審判事件に係る第一項の訂正の請求は、全て取り下げられたものとみなす。

9　第三十九条第四項から第八項まで、特許法第百二十七条、第百二十八条並びに第百三十二条第三項及び第四項並びに平成二十三年改正特許法第百三十一条第一項、第三項及び第四項、第百三十一条の二第一項並びに第百三十三条第一項、第三項及び第四項の規定は、第一項の場合に準用する。この場合において、第三十九条第七項中「第一項ただし書第一号」とあるのは、「第三十七条第一項又は第四十八条の十二第一項の審判の請求がされていない請求項に係る第一項ただし書第一号」と読み替えるものとする。

（取消しの判決があった場合における訂正の請求）

第四十条の三　審判長は、第三十七条第一項又は第四十八条の十二第一

5　第三十九条第三項から第六項まで並びに特許法第百二十七条、第百二十八条、第百三十一条並びに第百三十二条第三項及び第四項の規定は、第一項の場合に準用する。この場合において、第三十九条第五項中「第一項ただし書第一号」とあるのは、「第三十七条第一項又は第四十八条の十二第一項の審判の請求がされていない請求項に係る第一項ただし書第一号」と読み替えるものとする。

（取消しの判決等があった場合における訂正の請求）

第四十条の三　審判長は、第三十七条第一項又は第四十八条の十二第一

項の審判の審決（審判の請求に理由がないとするものに限る。）に対する第四十七条第二項において準用する平成二十三年改正特許法第百八十一条第一項の規定による取消しの判決が確定し、同条第二項の規定により審理を開始するときは、その判決の確定の日から一週間以内に被請求人から申立てがあつた場合に限り、被請求人に対し、願書に添付した明細書又は図面の訂正を請求するための相当の期間を指定することができる。

項の審判の審決（審判の請求に理由がないとするものに限る。）に対する第四十七条第二項において準用する平成十五年改正特許法第百八十一条第一項の規定による取消しの判決が確定し、同条第五項の規定により審理を開始するときは、その判決の確定の日から一週間以内に被請求人から申立てがあつた場合に限り、被請求人に対し、願書に添付した明細書又は図面の訂正を請求するための相当の期間を指定することができる。

2　審判長は、第四十七条第二項において準用する平成十五年改正特許法第百八十一条第二項の規定による審決の取消しの決定が確定し、同条第五項の規定により審理を開始するときは、被請求人に対し、願書に添付した明細書又は図面の訂正を請求するための相当の期間を指定しなければならない。ただし、当該審理の開始の時に、当該事件について第三十九条第二項ただし書に規定する期間内に請求された同条第一項の審判の審決が確定している場合は、この限りでない。

3　第三十七条第一項又は第四十八条の十二第一項の審判の被請求人は、第三十九条第二項ただし書に規定する期間内に同条第一項の審判を請求した場合において、前二項の規定により指定された期間内に前条第一項の訂正の請求をするときは、その審判の請求書に添付した訂正した明細書又は図面を援用することができる。

4　第三十九条第二項ただし書に規定する期間内に同条第一項の審判の請求があつた場合において、第一項又は第二項の規定により指定された期間内に前条第一項の訂正の請求がされたときは、その審判の請求は、取り下げられたものとみなす。ただし、訂正の請求の時にその審判の審決が確定している場合は、この限りでない。

5　第三十九条第二項ただし書に規定する期間内に同条第一項の審判の請求があつた場合において、第一項又は第二項の規定により指定された期間内に前条第一項の訂正の請求がされなかつたときは、その期間の末日に、その審判の請求書に添付された訂正した明細書又は図面を第三項の規定により援用した同条第一項の訂正の請求がされたものとみなす。ただし、その期間の末日にその審判の審決が確定している場合は、この限りでない。

	第四十五条
（特許法の準用） 第四十一条　特許法第百二十五条、第百二十七条、第百二十八条、第百三十条から第百七十条まで（審決の効果、審判の請求、審判官、審判の手続、訴訟との関係及び審判における費用）の規定は、審判に準用する。	、第百七十四条（審判の規定等の準用）及び第百七十六条（再審の請求登録前の実施による通常実施権）
（特許法の準用） 第四十一条　特許法第百二十五条、第百二十七条、第百二十八条、第百三十二条、第百三十五条から第百五十四条まで、第百五十七条から第百六十三条まで、第百六十四条第一項、第百六十六条及び第百六十八条から第百七十条まで並びに平成二十三年改正特許法第百三十一条、第百三十一条の二、第百三十三条、第百五十五条、第百五十六条、第百六十四条の二、第百六十七条及び第百六十七条の二（審決の効果、審判の請求、審判官、審判の手続、訴訟との関係及び審判における費用）の規定は、審判に準用する。	及び第百七十六条（再審の請求登録前の実施による通常実施権）並びに平成二十三年改正特許法第百七十四条（審判の規定等の準用）

（特許法の準用） 第四十一条　特許法第百二十五条、第百二十七条、第百二十八条、第百三十条から第百七十条まで（審決の効果、審判の請求、審判官、審判の手続、訴訟との関係及び審判における費用）の規定は、審判に準用する。	
（特許法の準用） 第四十一条　特許法第百二十五条、第百二十七条、第百二十八条、第百三十二条、第百三十五条から第百六十三条まで、第百六十四条第一項及び第百六十六条から第百七十条まで並びに平成十五年改正特許法第百三十一条、第百三十一条の二及び第百三十三条（審決の効果、審判の請求、審判官、審判の手続、訴訟との関係及び審判における費用）の規定は、審判に準用する。	

第四十七条第一項	審判又は再審の請求書	審判若しくは再審の請求書又は第四十条の二第一項の訂正の請求書
第四十七条第二項	特許法第百七十八条第二項から第六項まで（出訴期間等）及び第百七十九条から第百八十二条まで（被告適格、出訴の通知、審決又は決定の取消及び裁判の正本の送付）	特許法第百七十九条（被告適格）並びに平成二十三年改正特許法第百七十八条第二項から第六項まで（出訴期間等）並びに第百八十条、第百八十一条及び第百八十二条（出訴の通知等、審決又は決定の取消し及び裁判の正本等の送付）
第四十八条の十二第二項	第三十九条第四項中「第三十七条第一項」とあるのは、「第三十七条第一項又は第四十八条の十二第一項」と	第三十九条第二項及び第八項中「第三十七条第一項」とあるのは、「第三十七条第一項又は第四十八条の十二第一項」と
第四十八条の十二第三項	第三十七条第二項及び第三項の規定並びに特許法第百八十四条の十五第二項及び第四項（国際特許出願固有の理由に基づく特許の無効の審判）	第三十七条第一項後段、第三項及び第四項の規定並びに特許法第百八十四条の十五第四項
第五十条	第三十七条第二項（第	第三十七条第三項（第

第四十七条第二項	及び第百七十九条から第百八十二条まで	、第百七十九条、第百八十条及び第百八十二条並びに平成十五年改正特許法第百八十一条
第四十八条の十二第二項	第三十九条第四項中「第三十七条第一項」とあるのは、「第三十七条第一項又は第四十八条の十二第一項」と	第三十九条第二項中「第三十七条第一項」とあり、及び「同項」とあるのは「第三十七条第一項又は第四十八条の十二第一項」と、同条第六項中「第三十七条第一項」とあるのは「第三十七条第一項又は第四十八条の十二第一項」と
第四十八条の十二第三項	第三十七条第二項及び第三項の規定並びに特許法第百八十四条の十五第二項及び第四項（国際特許出願固有の理由に基づく特許の無効の審判）	第三十七条第一項後段、第三項及び第四項の規定並びに特許法第百八十四条の十五第四項
第五十条	第三十七条第二項（第	第三十七条第三項（第

の二	第五十五条第二項
四十条第二項及び第四十八条の十二第三項において準用する場合を含む。)、第三十九条第四項、第四十一条において準用する特許法第百二十五条	準用する。
四十八条の十二第三項において準用する場合を含む。)、第三十九条第八項(第四十条の二第九項において準用する場合を含む。)、第四十条の二第九項及び第四十一条において準用する特許法第百二十八条、第四十一条において準用する特許法第百二十五条	準用する。この場合において、同法第十七条第一項ただし書中「及び請求公告をすべき旨の決定の謄本の送達があつた後」とあるのは「、実用新案法第三十七条第一項又は第四十八条の十二第一項の審判において同法第四十条第一項の規定により指定された期間が経過した後同条第二項、同法第四十条の二第五項、同法第四十条の三又は同法第四十一条において準用する特許法第百五十三条第二項若しくは(平成二十三年改正特許法第百六十四条の二第二項の規定により期間が指定さ

の二	第五十五条第二項
四十条第二項及び第四十八条の十二第三項において準用する場合を含む。)、第三十九条第四項	準用する。
四十八条の十二第三項において準用する場合を含む。)、第三十九条第六項(第四十条の二第五項において準用する場合を含む。)	準用する。この場合において、同法第十七条第一項ただし書中「及び請求公告をすべき旨の決定の謄本の送達があつた後」とあるのは「、実用新案法第三十七条第一項又は第四十八条の十二第一項の審判において同法第四十条第一項の規定により指定された期間が経過した後(同条第二項、同法第四十条の二第三項、同法第四十条の三第一項若しくは第二項又は同法第四十　条において準用する特許法第百五十三条第二項の規定により期間が指定された場合にあつては、当該期間が経過し

別表第五号	第五十五条第六項	
登録異議の申立て（請求公告に係る異議の申立てを含む。）をする者	特許法第百九十五条の三（行政不服審査法による不服申立ての制限）の規定は、この法律の規定による補正の却下の決定、査定、審決及び審判又は再審の請求書の却下の決定	
登録異議の申立てをする者	平成二十三年改正特許法第百九十五条の四（行政不服審査法による不服申立ての制限）の規定は、この法律の規定による補正の却下の決定、査定、審決及び審判若しくは再審の請求書又は第四十条の二第一項の訂正の請求書の却下の決定	れた場合にあつては、当該期間が経過した後）及び実用新案法第三十九条第一項の審判において同法第四十一条において準用する平成二十三年改正特許法第百五十六条第一項の規定による通知があつた後（同条第三項の規定による審理の再開がされた場合にあつては、その後更に同条第一項の規定による通知があつた後）」と、「審判」とあるのは「審判若しくは実用新案法第四十条の二第一項の訂正」と読み替えるものとする。

別表第五号		
登録異議の申立て（請求公告に係る異議の申立てを含む。）をする者		
登録異議の申立てをする者		た後）及び実用新案法第三十九条第一項の審判において同法第四十一条において準用する特許法第百五十六条第一項の規定による通知があつた後（同条第二項の規定による審理の再開がされた場合にあつては、その後更に同条第一項の規定による通知があつた後）」と、「審判」とあるのは「審判若しくは実用新案法第四十条の二第一項の訂正」と読み替えるものとする。

	別表第九号
	審判又は再審を請求する者
	審判、再審又は明細書若しくは図面の訂正を請求する者

	別表第九号
審判又は再審を請求する者	審判又は再審を請求する者
	審判、再審又は明細書若しくは図面の訂正を請求する者（その訂正の請求をすることにより、第四十条の三第四項の規定に基づき第三十九条第一項の審判の請求が取り下げられたものとみなされる場合を除く。）

○商標法等の一部を改正する法律（平成八年法律第六八号）（附則第二一条関係）

改正

附　則

（団体商標についての経過措置）

第五条　（略）

2　（略）

3　（略）

4　第一項の規定により商標登録出願又は商標登録の変更があった場合の附則第十六条第一項第二号（附則第十八条において準用する場合を含む。）の規定の適用については、同号中「又はその商標権若しくは専用使用権についての新商標法第三十一条第四項の効力を有する通常使用権を有する者」とあるのは、「若しくはその商標権若しくは専用使用権についての新商標法第三十一条第四項の効力を有する通常使用権を有する者又はその商標の使用をする権利を有する団体構成員」とする。

（拒絶の査定又は審決前の使用による商標の使用をする権利）

第一六条　更新登録の出願について、附則第十三条第一項第一号の規定により拒絶をすべき旨の査定又は審決が確定した場合（他の拒絶の理由がある場合を除く。）においては、次の各号のいずれかに該当する者が、その出願に係る商標権の存続期間の満了の際現にその出願に係る登録商標の使用をしている指定役務について継続してその商標の使用をするときは、当該商標権

現行

附　則

（団体商標についての経過措置）

第五条　（略）

2　（略）

3　（略）

4　第一項の規定により商標登録出願又は商標登録の変更があった場合の附則第十六条第一項第二号（附則第十八条において準用する場合を含む。）の規定の適用については、同号中「又はその商標権若しくは専用使用権についての新商標法第三十一条第四項において準用する新特許法第九十九条第一項の効力を有する通常使用権を有する者」とあるのは、「若しくはその商標権若しくは専用使用権についての新商標法第三十一条第四項において準用する新特許法第九十九条第一項の効力を有する通常使用権を有する者又はその商標の使用をする権利を有する団体構成員」とする。

（拒絶の査定又は審決前の使用による商標の使用をする権利）

第一六条　更新登録の出願について、附則第十三条第一項第一号の規定により拒絶をすべき旨の査定又は審決が確定した場合（他の拒絶の理由がある場合を除く。）においては、次の各号の一に該当する者が、その出願に係る商標権の存続期間の満了の際現にその出願に係る登録商標の使用をしている指定役務について継続してその商標の使用をするときは、当該商標権の存続

の存続期間の満了の際現にその登録商標の使用をしてその指定役務に係る業務を行っている範囲内において、その役務についてその商標の使用をする権利を有する。当該業務を承継した者についても、同様とする。

一　（略）

二　当該商標権の存続期間の満了の際現にその商標権についての専用使用権又はその商標権若しくは専用使用権についての新商標法第三十一条第四項の効力を有する通常使用権を有する者

2　（略）

3　（略）

期間の満了の際現にその登録商標の使用をしてその指定役務に係る業務を行っている範囲内において、その役務についてその商標の使用をする権利を有する。当該業務を承継した者についても、同様とする。

一　（略）

二　当該商標権の存続期間の満了の際現にその商標権についての専用使用権又はその商標権若しくは専用使用権についての新商標法第三十一条第四項において準用する新特許法第九十九条第一項の効力を有する通常使用権を有する者

2　（略）

3　（略）

○特許法等の一部を改正する法律（平成一五年法律第四七号）（附則第二二条関係）

改正

附則

（特許法の改正に伴う経過措置）

第二条 （略）

2 （略）

3 （略）

する。

4 一部施行日前にした特許出願（一部施行日前の特許出願の分割等に係る特許出願を除く。）に係る特許料の納付についての新特許法第百七条第二項及び第三項の規定並びに手数料の納付についての新特許法第百九十五条第四項及び第五項（これらの規定を特許法等の一部を改正する法律（平成二十三年法律第六十三号）第五条の規定による改正後の特許協力条約に基づく国際出願等に関する法律第十八条第五項において準用する場合を含む。）並びに第六項の規定の適用については、これらの規定中「国」とあるのは、「国等（特許法等の一部を改正する法律（平成十五年法律第四十七号）第一条の規定による改正前の特許法第百七条第四項に規定する国等をいう。）」とする。

5 （略）

6 （略）

7 （略）

8 （略）

9 （略）

現行

附則

（特許法の改正に伴う経過措置）

第二条 （略）

2 （略）

3 （略）

する。

4 一部施行日前にした特許出願（一部施行日前の特許出願の分割等に係る特許出願を除く。）に係る特許料の納付についての新特許法第百七条第二項及び第三項の規定並びに手数料の納付についての新特許法第百九十五条第四項及び第五項（これらの規定を第五条の規定による改正後の特許協力条約に基づく国際出願等に関する法律第十八条第四項において準用する場合を含む。）並びに第六項の規定の適用については、これらの規定中「国」とあるのは、「国等（特許法等の一部を改正する法律（平成十五年法律第四十七号）第一条の規定による改正前の特許法第百七条第四項に規定する国等をいう。）」とする。

5 （略）

6 （略）

7 （略）

8 （略）

9 （略）

10 （略）
11 （略）
12 （略）
13 （略）
14 （略）
15 （略）

10 （略）
11 （略）
12 （略）
13 （略）
14 （略）
15 （略）

○意匠法等の一部を改正する法律（平成一八年法律第五五号）（附則第二三条関係）

改正	現行
附　則 （施行後三月間にした商標登録出願についての特例） 第七条　（略） 2　（略） 3　（略）	附　則 （施行後三月間にした商標登録出願についての特例） 第七条　（略） 2　特例小売商標登録出願についての商標法第四条第一項（第十三号に係る部分に限る。）の規定の適用については、同号中「するもの」とあるのは、「するもの（その商標権に係る指定役務が第二条第二項に係るものである場合において、同項に係る役務について使用をするものを除く。）」とする。 3　（略） 4　（略）

特許法等の一部を改正する法律（平成二三年法律第六三号）附則（抄）

（施行期日）

第一条　この法律は、公布の日（平成二十三年六月八日）から起算して一年を超えない範囲内において政令で定める日から施行する。

（特許法の一部改正に伴う経過措置）

第二条　第一条の規定による改正後の特許法（以下「新特許法」という。）第三十条の規定は、次項に規定する場合を除き、この法律の施行の日以後にする特許出願に係る発明について適用し、この法律の施行の日前にした特許出願に係る発明については、なお従前の例による。

2　この法律の施行の日以後にする特許出願が新特許法第四十一条第一項の規定による優先権の主張を伴う場合であって、当該優先権の主張の基礎とされた同項に規定する先の出願がこの法律の施行の日前にされたものであるときは、当該特許出願に係る発明のうち、当該先の出願に係る発明については、新特許法第三十条の規定にかかわらず、なお従前の例による。

3　新特許法第三十四条の三第二項、第三項、第六項及び第七項並びに第三十四条の五の規定は、この法律の施行の際現に存する仮通常実施権にも適用する。

4　新特許法第三十四条の三第五項の規定は、この法律の施行の日前に新特許法第四十一条第一項の規定による優先権の主張があった場合については、適用しない。

5　この法律の施行の日前に仮通常実施権の移転、変更、消滅又は処分の制限に係る第一条の規定による改正前の特許法（以下「旧特許法」という。）第三十四条の五第二項の登録がされた場合における当該登録の第三者に対する効力については、なお従前の例による。

6　新特許法第三十六条の二第四項及び第五項の規定は、この法律の施行の日前に旧特許法第三十六条の二第三項の規定により取り下げられたものとみなされた特許出願には、適用しない。

7　この法律の施行の際現に特許庁に係属している特許出願について登録した仮通常実施権を有する者がある場合には、当該特許出願の放棄若しくは取下げ又は当該特許出願を基礎とする新特許法第四十一条第一項の規定による優先権の主張に係る承諾については、新特許法第三十八条の二又は第四十一条第一項ただし書の規定にかかわらず、なお従前の例による。

8　新特許法第三十九条の規定は、この法律の施行の日以後にする特許出願又は実用新案登録出願について適用し、この法律の施行の日前にした特許出願又は実用新案登録出願については、なお従前の例による。

9　新特許法第四十九条、第七十四条、第百四条の三第三項並びに第百二十三条第一項第六号及び第二項の規定は、この法律の施行の日以後にする特許出願について適用し、この法律の施行の日前にした特許出願については、なお従前の例による。

10　新特許法第六十七条の三第一項及び第百二十五条の二第一項の規定は、この法律の施行の日以後にする特許権の存続期間の延長登録の出願について適用し、この法律の施行の日前にした特許権の存続期間の延長登録の出願については、なお従前の例による。

11　新特許法第八十条第一項及び第九十九条の規定は、この法律の施行の際現に存する通常実施権にも適用する。

12　新特許法第八十二条第一項の規定は、この法律の施行の際現に存する意匠権又はその専用実施権についての通常実施権にも適用する。

13　この法律の施行の日前に通常実施権の移転、変更、消滅若しくは処分の制限又は通常実施権を目的とする質権の設定、移転、変更、消滅若しくは処分の制限に係る旧特許法第九十九条第三項の登録（第七条の規定による改正前の産業活動の革新に関する特別措置法（以下「旧産活法」という。）第五十八条第二項の規定により旧特許法第九十九条第三項の登録があったものとみなされた場合における当該登録を含む。）がされた場合における当該登録の第三者に対する効力については、なお従前の例による。

14　この法律の施行の日前に、訴訟の完結した事件、第二審である高等裁判所又は地方裁判所における口頭弁論が終結した事件及び簡易裁判所の判決又は地方裁判所が第一審としてした判決に対して上告をする権利を留保して控訴をしない旨の合意をした事件については、新特許法第百四条の三第一項の規定にかかわらず、なお従前の例による。

15　新特許法第百四条の四の規定は、この法律の施行の日以後に提起された再審の訴え（当該訴訟を本案とする仮差押命令事件の債権者に対する損害賠償の請求を目的とする訴え並びに当該訴訟を本案とする仮処分命令事件の債権者に対する損害賠償及び不当利得返還の請求を目的とする訴えを含む。以下同じ。）における同条第一号又は第三号に掲げる審決が確定したことの主張（裁判所法等の一部を改正する法律（平成十六年法律第百二十号）第四条の規定による改正後の特許法（以下「平成十六年改正特許法」という。）第百四条の三第一項の規定が適用される訴訟事件に係る再審の訴えにおけるものに限る。）及び新特許法第百四条の四第二号に掲げる審決が確定したことの主張（新特許法第百四条の三第一項の規定が適用される訴訟事件に係る再審の訴えにおけるものに限る。）について適用する。

16　この法律の施行の日前に既に納付した特許料又は同日前に納付すべきであった特許料の減免又は猶予については、新特許法第百九条の規定にかかわらず、なお従前の例による。

17　新特許法第百十二条の二第一項の規定は、この法律の施行の日以後に新特許法第百十二条第四項から第六項までの規定により消滅したもの又は初めから存在しなかったものとみなされた特許権について適用し、この法律の施行の日前に旧特許法第百十二条第四項から第六項までの規定により消滅したもの又は初めから存在しなかったものとみなされた特許権については、なお従前の例による。

18　この法律の施行の日前に請求された審判又は再審については、その審決が確定するまでは、なお従前の例による。

19　この法律の施行の日前に請求された特許無効審判であって、その審決が確定していないものに係る特許についての訂正審判については、その審決が確定するまでは、なお従前の例による。

20　この法律の施行の日前に請求された審判の確定審決及びこの法律の施行の日以後に前項の規定によりなお従前の例により請求される訂正審判の確定審決に対する再審については、なお従前の例による。

21　この法律の施行の日前にした旧特許法第百二十六条第一項又は第百三十四条の二第一項の訂正（この法律の施行の日以後にする第十八項又は第十九項の規定によりなお従前の例によることとされるものを含む。）に係る特許の無効（旧特許法第百二十三条第一項第八号に係るものに限る。）については、なお従前の例による。

22　新特許法第百六十七条の規定は、この法律の施行の日以後に確定審決の登録があった審判と同一の事実及び同一の証拠に基づく審判について適用し、この法律の施行の日前に確定審決の登録があった審判と同一の事実及び同一の証拠に基づく審判については、なお従前の例による。

23　新特許法第百七十八条第一項及び第百九十五条の四の規定は、この法律の施行の日以後に請求された特許無効審判に係る新特許法第百三十三条第三項の規定によりされる新特許法第百三十四条の二第一項の訂正の請求書の却下の決定について適用し、この法律の施行の日前に請求された特許無効審判に係る旧特許法第百三十三条第三項の規定によりされた旧特許法第百三十四条の二第一項の訂正の請求書の却下の決定については、なお従前の例による。

24　新特許法第百八十一条の規定は、この法律の施行の日以後に請求される審判についての審決に対する訴えについて適用し、この法律の施行の日前に請求された審判についての審決に対する訴えについては、なお従前の例による。

25　新特許法第百八十四条の四第四項及び第五項の規定は、この法律の施行の日前に旧特許法第百八十四条の四第三項の規定により取り下げられたものとみなされた国際特許出願には、適用しない。

26　この法律の施行の日前に登録された通常実施権又は仮通常実施権に係る情報であって旧特許法第百八十六条第三項の規定により証明等を行わないものとされたものについての証明等については、新特許法第百八十六条第一項本文の規定にかかわらず、なお従前の例による。

27　新特許法別表第十三号の規定は、この法律の施行の日以後に請求される特許無効審判に係る手数料について適用し、施行の日前に請求された特許無効審判に係る手数料については、旧特許法別表第十三号の規定は、なおその効力を有する。

（実用新案法の一部改正に伴う経過措置）

第三条　第二条の規定による改正後の実用新案法（以下「新実用新案法」という。）第四条の二第三項において準用する新特許法第三十四条の三第五項の規定は、この法律の施行の日前に新実用新案法第八条第一項の規定による優先権の主張があった場合については、適用しない。

2　新実用新案法第七条の規定は、この法律の施行の日以後にする実用新案登録出願又は特許出願について適用し、この法律の施行の日前にした実用新案登録出願又は特許出願については、なお従前の例による。

3　この法律の施行の際現に特許庁に係属している特許出願について登録した仮通常実施権を有する者がある場合には、当該特許出願を基礎とする新実用新案法第八条第一項の規定による優先権の主張又は当該特許出願に基づく新実用新案法第十条第一項の規定による出願の変更に係る承諾については、新実用新案法第八条第一項ただし書又は第十条第九項の規定にかかわらず、なお従前の例による。

4　新実用新案法第十一条第一項において準用する新特許法第三十条の規定は、次項に規定する場合を除き、この法律の施行の日以後にする実用新案登録出願に係る考案について適用し、この法律の施行の日前にした実用新案登録出願に係る考案については、なお従前の例による。

5　この法律の施行の日以後にする実用新案登録出願が新実用新案法第八条第一項の規定による優先権の主張を伴う場合であって、当該優先権の主張の基礎とされた同項に規定する先の出願がこの法律の施行の日前にされたものであるときは、当該実用新案登録出願に係る考案のうち、当該先の出願に係る考案については、新実用新案法第十一条第一項において準用する新特許法第三十条の規定にかかわらず、なお従前の例による。

6　新実用新案法第十七条の二、新実用新案法第三十条において準用する新特許法第百四条の三第三項並びに新実用新案法第三十七条第一項第五号及び第二項の規定は、この法律の施行の日以後にする実用新案登録出願について適用し、この法律の施行の日前にした実用新案登録出願については、なお従前の例による。

7　新実用新案法第十九条第三項において準用する新特許法第九十九条及び新実用新案法第二十条第一項の規定は、この法律の施行の際現に存する通常実施権にも適用する。

8　この法律の施行の日前に通常実施権の移転、変更、消滅若しくは処分の制限又は通常実施権を目的とする質権の設定、移転、変更、消滅若しくは処分の制限に係る第二条の規定による改正前の実用新案法（以下「旧実用新案法」という。）第十九条第三項又は第二十五条第四項において準用する旧特許法第九十九条第三項の登録（旧産活法第五十八条第二項の規定により旧実用新案法第十九条第三項において準用する旧特許法第九十九条第三項の登録があったものとみなされた場合における当該登録を含む。）がされた場合における当該登録の第三者に対する効力については、なお従前の例による。

9　新実用新案法第二十六条において準用する新特許法第八十二条第一項の規定は、この法律の施行の際現に存する意匠権又はその専用実施権についての通常実施権にも適用する。

10　新実用新案法第三十条において準用する新特許法第百四条の四の規定は、この法律の施行の日以後に提起された再審の訴え（裁判所法等の一部を改正する法律（平成十六年法律第百二十号）第五条の規定による改正後の実用新案法第三十条において準用する平成十六年改正特許法第百四条の三第一項の規定が適用される訴訟事件に係るものに限る。）における主張について適用する。

11　新実用新案法第三十三条の二第一項の規定は、この法律の施行の日以後に新実用新案法第三十三条第四項又は第五項の規定により消滅したもの又は初めから存在しなかったものとみなされた実用新案権について適用し、この法律の施行の日前に旧実用新案法第三十三条第四項又は第五項の規定により消滅したもの又は初めから存在しなかったものとみなされた実用新案権については、なお従前の例による。

12　この法律の施行の日前に請求された審判又は再審については、その審決が確定するまでは、なお従前の例による。

13　この法律の施行の日前に請求された審判の確定審決に対する再審については、なお従前の例による。

14　この法律の施行の日前にした旧実用新案法第十四条の二第一項の訂正（この法律の施行の日以後にする第十二項の規定によりなお従前の例によることとされるものを含む。）に係る実用新案登録の無効（旧実用新案法第三十七条第一項第七号に係るものに限る。）については、なお従前の例による。

15　新実用新案法第四十一条において準用する新特許法第百六十七条の規定は、この法律の施行の日以後に確定審決の登録があった審判と同一の事実及び同一の証拠に基づく審判について適用し、この法律の施行の日前に確定審決の登録があった審判と同一の事実及び同一の証拠に基づく審判については、なお従前の例による。

16　新実用新案法第四十七条第二項において準用する新特許法第百八十一条の規定は、この法律の施行の日以後に請求される審判についての審決に対する訴えについて適用し、この法律の施行の日前に請求された審判についての審決に対する訴えについては、なお従前の例による。

17　新実用新案法第四十八条の四第四項及び第五項の規定は、この法律の施行の日前に旧実用新案法第四十八条の四第三項の規定により取り下げられたものとみなされた国際実用新案登録出願には、適用しない。

18　この法律の施行の日前に登録された通常実施権に係る情報であって旧実用新案法第五十五条第一項において準用する旧特許法第百八十六条第三項の規定により証明等を行わないものとされたものについての証明等については、新実用新案法第五十五条第一項において準用する新特許法第百八十六条第一項本文の規定にかかわらず、なお従前の例による。

（意匠法の一部改正に伴う経過措置）

第四条　第三条の規定による改正後の意匠法（以下「新意匠法」という。）第四条第二項、第九条、第十七条及び第二十六条の二、新意匠法第四十一条において準用する新特許法第百四条の三第三項並びに新意匠法第四十八条第一項第三号及び第二項の規定は、この法律の施行の日以後にする意匠登録出願について適用し、この法律の施行の日前にした意匠登録出願については、なお従前の例による。

2　この法律の施行の際現に特許庁に係属している特許出願について登録した仮通常実施権を有する者がある場合には、当該特許出願に基づく新意匠法第十三条第一項の規定による出願の変更に係る承諾については、同条第五項の規定にかかわらず、なお従前の例による。

3　新意匠法第二十八条第三項において準用する新特許法第九十九条及び新意匠法第三十条第一項の規定は、この法律の施行の際現に存する通常実施権にも適用する。

4　この法律の施行の日前に通常実施権の移転、変更、消滅若しくは処分の制限又は通常実施権を目的とする質権の設定、移転、変更、消滅若しくは処分の制限に係る第三条の規定による改正前の意匠法（以下「旧意匠法」という。）第二十八条第三項又は第三十五条第四項において準用する旧特許法第九十九条第三項の登録がされた場合における当該登録の第三者に対する効力については、なお従前の例による。

5　新意匠法第三十二条第一項（同条第二項において準用する場合を含む。）の規定は、この法律の施行の際現に存する意匠権又はその専用実施権についての通常実施権にも適用する。

6　新意匠法第四十一条において準用する新特許法第百四条の四の規定は、この法律の施行の日以後に提起された再審の訴え（裁判所法等の一部を改正する法律（平成十六年法律第百二十号）第六条の規定による改正後の意匠法第四十一条において準用する平成十六年改正特許法第百四条の三第一項の規定が適用される訴訟事件に係るものに限る。）における主張について適用する。

7　この法律の施行の日前に既に納付した登録料又は同日前に納付すべきであった登録料については、新意匠法第四十二条第一項の規定にかかわらず、なお従前の例による。

8　新意匠法第四十四条の二第一項の規定は、この法律の施行の日以後に新意匠法第四十四条第四項の規定により消滅したものとみなされた意匠権について適用し、この法律の施行の日前に旧意匠法第四十四条第四項の規定により消滅したものとみなされた意匠権については、なお従前の例による。

9　新意匠法第五十二条において準用する新特許法第百六十七条の規定は、この法律の施行の日以後に確定審決の登録があった審判と同一の事実及び同一の証拠に基づく審判について適用し、この法律の施行の日前に確定審決の登録があった審判と同一の事実及び同一の証拠に基づく審判については、なお従前の例による。

（商標法の一部改正に伴う経過措置）

第五条　第四条の規定による改正後の商標法（以下「新商標法」という。）第九条第一項の規定は、この法律の施行の日以後にする商標登録出願について適用し、この法律の施行の日前にした商標登録出願については、なお従前の例による。

2　新商標法第二十一条第一項の規定は、この法律の施行の日以後に新商標法第二十条第四項の規定により消滅したものとみなされた商標権について適用し、この法律の施行の日前に第四条の規定による改正前の商標法（以下「旧商標法」という。）第二十条第四項の規定により消滅したものとみなされた商標権については、なお従前の例による。

3　新商標法第三十三条の三第一項（同条第三項において準用する場合を含む。）の規定は、この法律の施行の際現に存する特許権又はその専用実施権についての通常実施権にも適用する。

4　新商標法第三十八条の二（新商標法第六十八条第三項において準用する場合を含む。）の規定は、この法律の施行の日以後に提起された再審の訴え（裁判所法等の一部を改正する法律（平成十六年法律第百二十号）第七条の規定による改正後の商標法（以下「平成十六年改正商標法」という。）第三十九条において準用する平成十六年改正特許法第百四条の三第一項の規定（平成十六年改正商標法第十三条の二第五項（平成十六年改正商標法第六十八条第一項において準用する場合を含む。）及び平成十六年改正商標法第六十八条第三項において準用する場合を含む。）が適用される訴訟事件に係るものに限る。）における主張について適用する。

5　新商標法第五十六条第一項及び附則第十七条第一項において準用する新特許法第百六十七条の規定は、この法律の施行の日以後に新商標法第四十六条第一項（新商標法第六十八条第四項において準用する場合を含む。）、新商標法第五十条第一項、第五十一条第一項、第五十二条の二第一項若しくは第五十三条第一項、新商標法第五十三条の二（新商標法第六十八条第四項において準用する場合を含む。）又は新商標法附則第十四条第一項（新商標法附則第二十三条において準用する場合を含む。）の審判の確定審決の登録があった審判と同一の事実及び同一の証拠に基づく審判について適用し、この法律の施行の日前に確定審決の登録があった審判と同一の事実及び同一の証拠に基づく審判については、なお従前の例による。

6　新商標法第六十五条の三第三項の規定は、この法律の施行の日以後に同条第二項に規定する出願の期間を経過する更新登録の出願について適用し、この法律の施行の日前に旧商標法第六十五条の三第二項に規定する出願の期間を経過している更新登録の出願については、なお従前の例による。

7　新商標法附則第三条第三項の規定は、この法律の施行の日以後に同条第二項に規定する申請の期間を経過する書換登録の申請について適用し、この法律の施行の日前に旧商標法附則第三条第二項に規定する申請の期間を経過している書換登録の申請については、なお従前の例による。

8　新商標法附則第二十三条において準用する新商標法附則第三条第三項の規定は、この法律の施行の日以後に新商標法附則第二十三条において準用する新商標法附則第三条第二項に規定する申請の期間を経過する防護標章登録に基づく権利の指定商品の書換登録の申請について適用し、この法律の施行の日前に旧商標法附則第二十三条において準用する旧商標法附則第三条第二項に規定する申請の期間を経過している防護標章登録に基づく権利の指定商品の書換登録の申請については、なお従前の例による。

9　第二項及び第六項から前項までの規定によりなお従前の例によることとされる手続に係る行為に対する罰則の適用については、なお従前の例による。

（特許協力条約に基づく国際出願等に関する法律の一部改正に伴う経過措置）

第六条　第五条の規定による改正後の特許協力条約に基づく国際出願等に関する法律（以下「新国際出願法」という。）第八条第四項及び第十八条第二項（同項の表三の項に掲げる部分を除く。）の規定は、この法律の施行の日以後にする国際出願について適用し、この法律の施行の日前にした国際出願については、なお従前の例による。

2　新国際出願法第十二条第三項の規定は、新国際出願法第十八条第二項（同項の表三の項に掲げる部分に限る。次項において同じ。）に規定する手数料がこの法律の施行の日以後に納付された国際予備審査の請求に係る国際出願について適用し、第五条の規定による改正前の特許協力条約に基づく国際出願等に関する法律第十八条第一項に規定する手数料（同項第四号に掲げる者が納付すべき手数料に限る。）がこの法律の施行の日前に納付された国際予備審査の請求に係る国際出願については、なお従前の例による。

3　新国際出願法第十八条第二項の規定は、国際予備審査の請求につき、この法律の施行の日以後に同項に規定する手数料を納付する者について適用する。

（大学等における技術に関する研究成果の民間事業者への移転の促進に関する法律の一部改正に伴う経過措置）

第七条　この法律の施行の日前に既に納付した特許料又は同日前に納付すべきであった特許料の減免又は猶予については、第六条の規定による改正後の大学等における技術に関する研究成果の民間事業者への移転の促進に関する法律第十三条第三項の規定にかかわらず、なお従前の例による。

（産業活力の再生及び産業活動の革新に関する特別措置法の一部改正に伴う経過措置）

第八条　この法律の施行の日前に既に納付した特許料又は同日前に納付すべきであった特許料の減免又は猶予については、第七条の規定による改正後の産業活力の再生及び産業活動の革新に関する特別措置法第五十六条の規定にかかわらず、なお従前の例による。

2　旧産活法第六十九条第一項の規定により手数料を納付した者による過誤納の手数料の返還については、なお従前の例による。

（産業技術力強化法の一部改正に伴う経過措置）

第九条　この法律の施行の日前に既に納付した特許料又は同日前に納付すべきであった特許料の減免又は猶予については、第八条の規定による改正後の産業技術力強化法第十七条第一項及び第十八条第一項の規定にかかわらず、なお従前の例による。

（中小企業のものづくり基盤技術の高度化に関する法律の一部改正に伴う経過措置）

第一〇条　この法律の施行の日前に既に納付した特許料又は同日前に納付すべきであった特許料の減免又は猶予については、第九条の規定による改正後の中小企業のものづくり基盤技術の高度化に関する法律第九条第一項の規定にかかわらず、なお従前の例による。

（政令への委任）

第一一条　附則第二条から前条までに定めるもののほか、この法律の施行に関し必要な経過措置は、政令で定める。

（工業所有権に関する手続等の特例に関する法律の一部改正に伴う経過措置）

第一五条　この法律の施行の日前に登録された特許権若しくは実用新案権についての通常実施権又は特許権についての仮通常実施権に係る情報であって前条の規定による改正前の工業所有権に関する手続等の特例に関する法律第十二条第三項において準用する旧特許法第百八十六条第三項（旧実用新案法第五十五条第一項において読み替えて準用する場合を含む。）の規定により閲覧又は書類の交付を行わないものとされたものについての閲覧又は書類の交付については、前条の規定による改正後の工業所有権に関する手続等の特例に関する法律第十二条第一項又は第二項の規定にかかわらず、なお従前の例による。

(平成五年旧実用新案法の一部改正に伴う経過措置)

第一八条　前条の規定による改正後の平成五年旧実用新案法(以下「新平成五年旧実用新案法」という。)第十三条の三第四項において準用する新特許法第百四条の四の規定は、この法律の施行の日以後に提起された再審の訴え(裁判所法等の一部を改正する法律(平成十六年法律第百二十号)附則第四条の規定による改正後の平成五年旧実用新案法第十三条の三第四項において準用する平成十六年改正特許法第百四条の三第一項の規定が適用される訴訟事件に係るものに限る。)における主張について適用する。

(平成五年改正法の一部改正に伴う経過措置)

第二〇条　この法律の施行の日前に請求された附則第十七条の規定による改正前の平成五年旧実用新案法(以下「旧平成五年旧実用新案法」という。)第三十七条第一項、第三十九条第一項若しくは第四十八条の十二第一項の審判又は再審については、その審決が確定するまでは、なお従前の例による。

2　この法律の施行の日前に請求された旧平成五年旧実用新案法第三十七条第一項又は第四十八条の十二第一項の審判であって、その審決が確定していないものに係る実用新案登録の願書に添付した明細書又は図面の訂正をすることについての審判(次項において「訂正の審判」という。)については、その審決が確定するまでは、なお従前の例による。

3　この法律の施行の日前に請求された旧平成五年旧実用新案法第三十七条第一項、第三十九条第一項又は第四十八条の十二第一項の審判の確定審決及びこの法律の施行の日以後に前項の規定によりなお従前の例により請求される訂正の審判の確定審決に対する再審については、なお従前の例による。

4　この法律の施行の日前にした旧平成五年旧実用新案法第三十九条第一項又は第四十条の二第一項の規定による訂正(この法律の施行の日以後にする第一項又は第二項の規定によりなお従前の例によることとされるものを含む。)に係る実用新案登録の無効(旧平成五年旧実用新案法第三十七条第一項第二号の二に係るものに限る。)については、なお従前の例による。

5　前条の規定による改正後の平成五年改正法附則第四条第二項において読み替えられた新平成五年旧実用新案法(以下「読替え後

の新平成五年旧実用新案法」という。）第四十一条において準用する新特許法第百六十七条の規定は、この法律の施行の日以後に確定審決の登録があった審判と同一の事実及び同一の証拠に基づく審判について適用し、この法律の施行の日前に確定審決の登録があった審判と同一の事実及び同一の証拠に基づく審判については、なお従前の例による。

6　新平成五年旧実用新案法第四十七条第一項及び読替え後の新平成五年旧実用新案法第五十五条第六項において準用する新特許法第百九十五条の四の規定は、この法律の施行の日以後に請求された新平成五年旧実用新案法第三十七条第一項又は第四十八条の十二第一項の審判に係る読替え後の新平成五年旧実用新案法第四十一条において準用する新特許法第百三十三条第三項の規定によりされる新平成五年旧実用新案法第四十条の二第一項の訂正の請求書の却下の決定について適用し、この法律の施行の日前に請求された旧平成五年旧実用新案法第三十七条第一項又は第四十八条の十二第一項の審判に係る旧平成五年旧実用新案法第四十一条において準用する旧特許法第百三十三条第三項の規定によりされた旧平成五年旧実用新案法第四十条の二第一項の訂正の請求書の却下の決定については、なお従前の例による。

7　読替え後の新平成五年旧実用新案法第四十七条第二項において準用する新特許法第百八十一条の規定は、この法律の施行の日以後に請求される新平成五年旧実用新案法第三十七条第一項、第三十九条第一項又は第四十八条の十二第一項の審判についての審決に対する訴えについて適用し、この法律の施行の日前に請求された旧平成五年旧実用新案法第三十七条第一項、第三十九条第一項又は第四十八条の十二第一項の審判についての審決に対する訴えについては、なお従前の例による。

8　新平成五年旧実用新案法別表第九号の規定は、この法律の施行の日以後に請求される新平成五年旧実用新案法第三十七条第一項又は第四十八条の十二第一項の審判に係る手数料について適用し、施行の日前に請求された旧平成五年旧実用新案法第三十七条第一項又は第四十八条の十二第一項の審判に係る手数料については、旧平成五年旧実用新案法別表第九号の規定は、なおその効力を有する。

（調整規定）

第二四条　この法律の施行の日が産業活力の再生及び産業活動の革新に関する特別措置法の一部を改正する法律（平成二十三年法

律第四十八号）の施行の日前である場合には、第七条のうち産業活力の再生及び産業活動の革新に関する特別措置法第二条第二十六項及び第二十七項を削る改正規定中「第二条第二十六項及び第二十七項」とあるのは、「第二条第二十七項及び第二十八項」とする。

2　前項の場合において、産業活力の再生及び産業活動の革新に関する特別措置法の一部を改正する法律のうち産業活力の再生及び産業活動の革新に関する特別措置法第二条中第二十一項を第二十項とし、第二十二項から第二十六項までを一項ずつ繰り上げ、同条第二十七項中「すべての」を「全ての」に改め、同項を同条第二十六項とし、同条第二十八項を同条第二十七項とする改正規定中「繰り上げ、同条第二十七項中「すべての」を「全ての」に改め、同項を同条第二十六項とし、同条第二十八項を同条第二十七項とする」とあるのは、「繰り上げる」とする。

不正競争防止法の一部を改正する法律

（平成二十三年六月八日、法律第六十二号）

○不正競争防止法

改正	現行
目次 第一章　総則（第一条・第二条） 第二章　差止請求、損害賠償等（第三条―第一五条） 第三章　国際約束に基づく禁止行為（第一六条―第一八条） 第四章　雑則（第一九条・第二〇条） 第五章　罰則（第二一条・第二二条） 第六章　刑事訴訟手続の特例（第二三条―第三一条） 附則	
第一章　総則	
第一条　（略）	第一条　（略）
（定義） 第二条　この法律において「不正競争」とは、次に掲げるものをいう。 一　（略） 二　（略） 三　（略） 四　（略） 五　（略） 六　（略） 七　（略） 八　（略）	（定義） 第二条　この法律において「不正競争」とは、次に掲げるものをいう。 一　（略） 二　（略） 三　（略） 四　（略） 五　（略） 六　（略） 七　（略） 八　（略）

九　（略）

十　営業上用いられている技術的制限手段（他人が特定の者以外の者に影像若しくは音の視聴若しくはプログラムの実行又は影像、音若しくはプログラムの記録をさせないために用いているものを除く。）により制限されている影像若しくは音の視聴若しくはプログラムの実行又は影像、音若しくはプログラムの記録（以下この号において「影像の視聴等」という。）を当該技術的制限手段の効果を妨げることにより可能とする機能を有する装置（当該装置を組み込んだ機器及び当該装置の部品一式であって容易に組み立てることができるものを含む。）若しくは当該機能を有するプログラム（当該プログラムが他のプログラムと組み合わされたものを含む。）を記録した記録媒体若しくは記憶した機器を譲渡し、引き渡し、譲渡若しくは引渡しのために展示し、輸出し、若しくは輸入し、又は当該機能を有するプログラムを電気通信回線を通じて提供する行為（当該装置又は当該プログラムが当該機能以外の機能を併せて有する場合にあっては、影像の視聴等を当該技術的制限手段の効果を妨げることにより可能とする用途に供するために行うものに限る。）

十一　他人が特定の者以外の者に影像若しくは音の視聴若しくはプログラムの実行又は影像、音若しくはプログラムの記録をさせないために営業上用いている技術的制限手段により制限されている影像若しくは音の視聴若しくはプログラムの実行又は影像、音若しくはプログラムの記録（以下この号において「影像の視聴等」という。）を当該技術的制限手段の効果を妨げることにより可能とする機能を有する装置（当該装置を組み込んだ機器及び当該装置の部品一式であって容易に組み立てることができるものを含む。）若しくは当該機能を

九　（略）

十　営業上用いられている技術的制限手段（他人が特定の者以外の者に影像若しくは音の視聴若しくはプログラムの実行又は影像、音若しくはプログラムの記録をさせないために用いているものを除く。）により制限されている影像若しくは音の視聴若しくはプログラムの実行又は影像、音若しくはプログラムの記録を当該技術的制限手段の効果を妨げることにより可能とする機能のみを有する装置（当該装置を組み込んだ機器を含む。）若しくは当該機能のみを有するプログラム（当該プログラムが他のプログラムと組み合わされたものを含む。）を記録した記録媒体若しくは記憶した機器を譲渡し、引き渡し、譲渡若しくは引渡しのために展示し、輸出し、若しくは輸入し、又は当該機能のみを有するプログラムを電気通信回線を通じて提供する行為

十一　他人が特定の者以外の者に影像若しくは音の視聴若しくはプログラムの実行又は影像、音若しくはプログラムの記録をさせないために営業上用いている技術的制限手段により制限されている影像若しくは音の視聴若しくはプログラムの実行又は影像、音若しくはプログラムの記録を当該技術的制限手段の効果を妨げることにより可能とする機能のみを有する装置（当該装置を組み込んだ機器を含む。）若しくは当該機能のみを有するプログラム（当該プログラムが他のプログラムと組み合わされたものを含む。）を記録した記録媒体若し

有するプログラム（当該プログラムが他のプログラムと組み合わされたものを含む。）を記録した記録媒体若しくは記憶した機器を当該特定の者以外の者に譲渡し、引き渡し、譲渡若しくは引渡しのために展示し、輸出し、若しくは輸入し、又は当該機能を有するプログラムを電気通信回線を通じて提供する行為（当該装置又は当該プログラムが当該機能以外の機能を併せて有する場合にあっては、影像の視聴等を当該技術的制限手段の効果を妨げることにより可能とする用途に供するために行うものに限る。）

十二　（略）

十三　（略）

十四　（略）

十五　（略）

2　（略）

3　（略）

4　（略）

5　（略）

6　（略）

7　（略）

8　（略）

9　（略）

10　（略）

第二章　差止請求、損害賠償等

第一五条　（略）

第三章　国際約束に基づく禁止行為

くは記憶した機器を当該特定の者以外の者に譲渡し、引き渡し、譲渡若しくは引渡しのために展示し、輸出し、若しくは輸入し、又は当該機能のみを有するプログラムを電気通信回線を通じて提供する行為

十二　（略）

十三　（略）

十四　（略）

十五　（略）

2　（略）

3　（略）

4　（略）

5　（略）

6　（略）

7　（略）

8　（略）

9　（略）

10　（略）

第一五条　（略）

第一八条　（略）

第四章　雑則

（適用除外等）

第一九条　第三条から第十五条まで、第二十一条（第二項第七号に係る部分を除く。）及び第二十二条の規定は、次の各号に掲げる不正競争の区分に応じて当該各号に定める行為については、適用しない。

一　（略）

二　（略）

三　（略）

四　（略）

五　（略）

六　（略）

七　（略）

2　（略）

第二〇条　（略）

第五章　罰則

（罰則）

第二一条　（略）

2　次の各号のいずれかに該当する者は、五年以下の懲役若しくは五百万円以下の罰金に処し、又はこれを併科する。

第一八条　（略）

（適用除外等）

第一九条　第三条から第十五条まで、第二十一条（第二項第六号に係る部分を除く。）及び第二十二条の規定は、次の各号に掲げる不正競争の区分に応じて当該各号に定める行為については、適用しない。

一　（略）

二　（略）

三　（略）

四　（略）

五　（略）

六　（略）

七　（略）

2　（略）

（経過措置）

第二〇条　（略）

（罰則）

第二一条　（略）

2　次の各号のいずれかに該当する者は、五年以下の懲役若しくは五百万円以下の罰金に処し、又はこれを併科する。

一　（略）
二　（略）
三　（略）
四　不正の利益を得る目的で、又は営業上技術的制限手段を用いている者に損害を加える目的で、第二条第一項第十号又は第十一号に掲げる不正競争を行った者
五　（略）
六　（略）
七　（略）

3　第一項及び前項第六号の罪は、告訴がなければ公訴を提起することができない。

4　（略）

5　第二項第六号の罪は、日本国外において同号の罪を犯した者にも適用する。

6　第二項第七号（第十八条第一項に係る部分に限る。）の罪は、刑法（明治四十年法律第四十五号）第三条の例に従う。

7　（略）

（同前）

第二十二条　（略）

2　前項の場合において、当該行為者に対してした前条第一項第一号、第二号及び第七号並びに第二項第六号の罪に係る同条第三項の告訴は、その法人又は人に対しても効力を生じ、その法人又は人に対してした告訴は、当該行為者に対しても効力を生ずるものとする。

3　（略）

一　（略）
二　（略）
三　（略）
四　（略）
五　（略）
六　（略）

3　第一項及び前項第五号の罪は、告訴がなければ公訴を提起することができない。

4　（略）

5　第二項第五号の罪は、日本国外において同号の罪を犯した者にも適用する。

6　第二項第六号（第十八条第一項に係る部分に限る。）の罪は、刑法（明治四十年法律第四十五号）第三条の例に従う。

7　（略）

（同前）

第二十二条　（略）

2　前項の場合において、当該行為者に対してした前条第一項第一号、第二号及び第七号並びに第二項第五号の罪に係る同条第三項の告訴は、その法人又は人に対しても効力を生じ、その法人又は人に対してした告訴は、当該行為者に対しても効力を生ずるものとする。

3　（略）

（営業秘密の秘匿決定等）

第二三条　裁判所は、第二十一条第一項の罪又は前条第一項（第二十一条第一項第一号、第二号及び第七号に係る部分に限る。）の罪に係る事件を取り扱う場合において、当該事件の被害者若しくは当該被害者の法定代理人又はこれらの者から委託を受けた弁護士から、当該事件に係る営業秘密を構成する情報の全部又は一部を特定させることとなる事項を公開の法廷で明らかにされたくない旨の申出があるときは、被告人又は弁護人の意見を聴き、相当と認めるときは、その範囲を定めて、当該事項を公開の法廷で明らかにしない旨の決定をすることができる。

2　前項の申出は、あらかじめ、検察官にしなければならない。この場合において、検察官は、意見を付して、これを裁判所に通知するものとする。

3　裁判所は、第一項に規定する事件を取り扱う場合において、検察官又は被告人若しくは弁護人から、被告人その他の者の保有する営業秘密を構成する情報の全部又は一部を特定させることとなる事項を公開の法廷で明らかにされたくない旨の申出があるときは、相手方の意見を聴き、当該事項が犯罪の証明又は被告人の防御のために不可欠であり、かつ、当該事項が公開の法廷で明らかにされることにより当該営業秘密に基づく被告人その他の者の事業活動に著しい支障を生ずるおそれがあると認める場合であって、相当と認めるときは、その範囲を定めて、当該事項を公開の法廷で明らかにしない旨の決定をすることができる。

4　裁判所は、第一項又は前項の決定（以下「秘匿決定」という。）をした場合において、必要があると認めるときは、検察官及び被告人又は弁護人の意見を聴き、決定で、営業秘密構成情報特定事項（秘匿決定により公開の法廷で明らかにしないこととされた営業秘密を構成する情報の全部又は一部を特定させることとなる事項をいう。以下同じ。）に係る名称その他の表現に代わる呼称その他の表現を定めることができる。

5　裁判所は、秘匿決定をした事件について、営業秘密構成情報特定事項を公開の法廷で明らかにしないことが相当でないと認めるに至ったとき、又は刑事訴訟法（昭和二十三年法律第百三十一号）第三百十二条の規定により罰条が撤回若しくは変更されたため第一項に規定する事件に該当しなくなったときは、決定で、秘匿決定の全部又は一部及び当該秘匿決定に係る前項の決定（以下「呼称等の決定」という。）の全部又は一部を取り消さなければならない。

（起訴状の朗読方法の特例）

第二四条　秘匿決定があったときは、刑事訴訟法第二百九十一条第一項の起訴状の朗読は、営業秘密構成情報特定事項を明らかにしない方法でこれを行うものとする。この場合においては、検察官は、被告人に起訴状を示さなければならない。

（尋問等の制限）

第二五条　裁判長は、秘匿決定があった場合において、訴訟関係人のする尋問又は陳述が営業秘密構成情報特定事項にわたるときは、これを制限することにより、犯罪の証明に重大な支障を生ずるおそれがある場合又は被告人の防御に実質的な不利益を生ずるおそれがある場合を除き、当該尋問又は陳述を制限することができる。訴訟関係人の被告人に対する供述を求める行為についても、同様とする。

2　刑事訴訟法第二百九十五条第四項及び第五項の規定は、前項の規定による命令を受けた検察官又は弁護士である弁護人がこれに従わなかった場合について準用する。

（公判期日外の証人尋問等）

第二六条　裁判所は、秘匿決定をした場合において、証人、鑑定人、通訳人若しくは翻訳人を尋問するとき、又は被告人が任意に供述をするときは、検察官及び被告人又は弁護人の意見を聴き、証人、鑑定人、通訳人若しくは翻訳人の尋問若しくは供述又は被告人に対する供述を求める行為若しくは被告人の供述が営業秘密構成情報特定事項にわたり、かつ、これが公開の法廷で明らかにされることにより当該営業秘密に基づく被害者、被告人その他の者の事業活動に著しい支障を生ずるおそれがあり、これを防止するためやむを得ないと認めるときは、公判期日外において当該尋問又は刑事訴訟法第三百十一条第二項及び第三項に規定する被告人の供述を求める手続をすることができる。

2　刑事訴訟法第百五十七条第一項及び第二項、第百五十八条第二項及び第三項、第百五十九条第一項、第二百七十三条第二項、第二百七十四条並びに第三百三条の規定は、前項の規定による被告人の供述を求める手続について準用する。この場合において、同法第百五十七条第一項、第百五十八条第三項及び第百五十九条第一項中「被告人又は弁護人」とあるのは「弁護人、共同被告人又はその弁護人」と、同法第百五十八条第二項中「被告人及び弁護人」とあるのは「弁護人、共同被告人及びその弁護人」と、同法第二百七十三条第二項中「公判期日」とあるのは「不正競争防止法第二十六条第一項の規定による被告人の供述を求める手続の期日」と、同法第二百七十四条中「公判期日」とあるのは「不正競争防止法第二十六条第一項の規定による被告人の供述を求める手続の日時及び場所」と、同法第三百三条中「証人その他の者の尋問、検証、押収及び捜索の結果を記載した書面並びに押収した物」とあるのは「不正競争防止法第二十六条第一項の規定による被告人の供述を求める手続の結果を記載した書面」と、「証拠書類又は証拠物」とあるのは「証拠書類」と読み替えるものとする。

（尋問等に係る事項の要領を記載した書面の提示命令）

第二七条　裁判所は、呼称等の決定をし、又は前条第一項の規定により尋問若しくは被告人の供述を求める手続を公判期日外においてする旨を定めるに当たり、必要があると認めるときは、検察官及び被告人又は弁護人に対し、訴訟関係人のすべき尋問若しくは陳述又は被告人に対する供述を求める行為に係る事項の要領を記載した書面の提示を命ずることができる。

（証拠書類の朗読方法の特例）

第二八条　秘匿決定があったときは、刑事訴訟法第三百五条第一項又は第二項の規定による証拠書類の朗読は、営業秘密構成情報特定事項を明らかにしない方法でこれを行うものとする。

（公判前整理手続等における決定）

第二九条　次に掲げる事項は、公判前整理手続及び期日間整理手続において行うことができる。

一　秘匿決定若しくは呼称等の決定又はこれらの決定を取り消す決定をすること。

二　第二十六条第一項の規定により尋問又は被告人の供述を求める手続を公判期日外においてする旨を定めること。

（証拠開示の際の営業秘密の秘匿要請）

第三〇条　検察官又は弁護人は、第二十三条第一項に規定する事件について、刑事訴訟法第二百九十九条第一項の規定により証拠書類又は証拠物を閲覧する機会を与えるに当たり、第二十三条第一項又は第三項に規定する営業秘密を構成する情報の全部又は一部を特定させることとなる事項が明らかにされることにより当該営業秘密に基づく被害者、被告人その他の者の事業活動に著しい支障を生ずるおそれがあると認めるときは、相手方に対し、その旨を告げ、当該事項が、犯罪の証明若しくは犯罪の捜査又は被告人の防御に関し必要がある場合を除き、関係者（被告人を含む。）に知られないようにすることを求めることができる。ただし、被告人に知られないようにすることを求めることについては、当該事項のうち起訴状に記載された事項以外のものに限る。

2　前項の規定は、検察官又は弁護人が刑事訴訟法第二編第三章第二節第一款第二目（同法第三百十六条の二十八第二項において準用する場合を含む。）の規定による証拠の開示をする場合について準用する。

（最高裁判所規則への委任）

第三十一条　この法律に定めるもののほか、第二十三条から前条までの規定の実施に関し必要な事項は、最高裁判所規則で定める。

○組織的な犯罪の処罰及び犯罪収益の規制等に関する法律（附則第二条関係）

改正	現行
（定義） 第二条　（略） 2　この法律において「犯罪収益」とは、次に掲げる財産をいう。 一　（略） 二　（略） 三　不正競争防止法（平成五年法律第四十七号）第十一条第一項の違反行為に係る同法第二十一条第二項第六号（平成二三年法律第七四号により改正により変更）（外国公務員等に対する不正の利益の供与等）の罪の犯罪行為（日本国外でした行為であって、当該行為が日本国内において行われたとしたならば、当該罪に当たり、かつ、当該行為地の法令により罪に当たるものを含む。）により供与された財産 四　（略） 3　（略） 4　（略） 5　（略） 6　（略） 7　（略）	（定義） 第二条　（略） 2　この法律において「犯罪収益」とは、次に掲げる財産をいう。 一　（略） 二　（略） 三　不正競争防止法（平成五年法律第四十七号）第十一条第一項（平成二三年法律第七四号により改正項目から削除）の違反行為に係る同法第十四条第一項第七号（外国公務員等に対する不正の利益の供与等）の罪の犯罪行為（日本国外でした行為であって、当該行為が日本国内において行われたとしたならば、当該罪に当たり、かつ、当該行為地の法令により罪に当たるものを含む。）により供与された財産 四　（略） 3　（略） 4　（略） 5　（略） 6　（略） 7　（略）

○弁理士法（附則第三条関係）

改正

（欠格事由）

第八条　次の各号のいずれかに該当する者は、前条の規定にかかわらず、弁理士となる資格を有しない。

一　（略）

二　（略）

三　前二号に該当する者を除くほか、関税法第百八条の四第二項（同法第六十九条の二第一項第三号及び第四号に係る部分に限る。以下この号において同じ。）、第三項（同法第百八条の四第二項に係る部分に限る。）若しくは第五項（同法第六十九条の二第一項第三号及び第四号に係る部分に限る。）、第百九条第二項（同法第六十九条の十一第一項第九号及び第十号に係る部分に限る。以下この号において同じ。）、第三項（同法第百九条第二項に係る部分に限る。）若しくは第五項（同法第六十九条の十一第一項第九号及び第十号に係る部分に限る。）若しくは第百十二条第一項（同法第百八条の四第二項及び第百九条第二項に係る部分に限る。）の罪、著作権法第百十九条から第百二十二条までの罪、半導体集積回路の回路配置に関する法律第五十一条第一項若しくは第五十二条の罪又は不正競争防止法第二十一条第一項若しくは第二項第一号から第五号まで若しくは第七号（同法第十八条第一項に係る部分を除く。）の罪を犯し、罰金の刑に処せられ、その刑の執行を終わり、又はその刑の執行を受けることがなくなった日から三年を経過しない者

現行

（欠格事由）

第八条　次の各号のいずれかに該当する者は、前条の規定にかかわらず、弁理士となる資格を有しない。

一　（略）

二　（略）

三　前二号に該当する者を除くほか、関税法第百八条の四第二項（同法第六十九条の二第一項第三号及び第四号に係る部分に限る。以下この号において同じ。）、第三項（同法第百八条の四第二項に係る部分に限る。）若しくは第五項（同法第六十九条の二第一項第三号及び第四号に係る部分に限る。）、第百九条第二項（同法第六十九条の十一第一項第九号及び第十号に係る部分に限る。以下この号において同じ。）、第三項（同法第百九条第二項に係る部分に限る。）若しくは第五項（同法第六十九条の十一第一項第九号及び第十号に係る部分に限る。）若しくは第百十二条第一項（同法第百八条の四第二項及び第百九条第二項に係る部分に限る。）の罪、著作権法第百十九条から第百二十二条までの罪、半導体集積回路の回路配置に関する法律第五十一条第一項若しくは第五十二条の罪又は不正競争防止法第二十一条第一項若しくは第二項第一号から第四号まで若しくは第六号（同法第十八条第一項に係る部分を除く。）の罪を犯し、罰金の刑に処せられ、その刑の執行を終わり、又はその刑の執行を受けることがなくなった日から三年を経過しない者

四（略）
五（略）
六（略）
七（略）
八（略）
九（略）
十（略）

四（略）
五（略）
六（略）
七（略）
八（略）
九（略）
十（略）

不正競争防止法の一部を改正する法律（平成二三年法律第六二号）附則（抄）

（施行期日）

第一条　この法律は、公布の日〔平成二十三年六月八日〕から起算して六月を超えない範囲内において政令で定める日から施行する。

附則第四条と第五条は「情報処理の高度化等に対処するための刑法等の一部を改正する法律（平成二三年法律第七四号）附則第六二条により削られている。

（詳細はp226を参照のこと）

民法等の一部を改正する法律（抄）

（平成二十三年六月三日、法律第六十一号）

○民法（第一条関係）（抄）

改正	現行
（未成年後見人の選任） 第八四〇条　（略）	（未成年後見人の選任） 第八四〇条　（略）
2　未成年後見人がある場合においても、家庭裁判所は、必要があると認めるときは、前項に規定する者若しくは未成年後見人の請求により又は職権で、更に未成年後見人を選任することができる。 3　未成年後見人を選任するには、未成年被後見人の年齢、心身の状態並びに生活及び財産の状況、未成年後見人となる者の職業及び経歴並びに未成年被後見人との利害関係の有無（未成年後見人となる者が法人であるときは、その事業の種類及び内容並びにその法人及びその代表者と未成年被後見人との利害関係の有無）、未成年被後見人の意見その他一切の事情を考慮しなければならない。	
（父母による未成年後見人の選任の請求） 第八四一条　父若しくは母が親権若しくは管理権を辞し、又は父若しくは母について親権喪失、親権停止若しくは管理権喪失の審判があったことによって未成年後見人を選任する必要が生じたときは、その父又は母は、遅滞なく未成年後見人の選任を家庭裁判所に請求しなければならない。	（父母による未成年後見人の選任の請求） 第八四一条　父又は母が親権若しくは管理権を辞し、又は親権を失ったことによって未成年後見人を選任する必要が生じたときは、その父又は母は、遅滞なく未成年後見人の選任を家庭裁判所に請求しなければならない。
第八四二条　削除	（未成年後見人の数） 第八四二条　未成年後見人は、一人でなければならない。

（後見監督人の選任）
第八四九条　家庭裁判所は、必要があると認めるときは、被後見人、その親族若しくは後見人の請求により又は職権で、後見監督人を選任することができる。

（委任及び後見人の規定の準用）
第八五二条　第六百四十四条、第六百五十四条、第六百五十五条、第八百四十四条、第八百四十六条、第八百四十七条、第八百六十一条第二項及び第八百六十二条の規定は後見監督人について、第八百四十条第三項及び第八百五十七条の二の規定は未成年後見監督人について、第八百四十三条第四項、第八百五十九条の二及び第八百五十九条の三の規定は成年後見監督人について準用する。

（未成年被後見人の身上の監護に関する権利義務）
第八五七条　未成年後見人は、第八百二十条から第八百二十三条までに規定する事項について、親権を行う者と同一の権利義務を有する。ただし、親権を行う者が定めた教育の方法及び居所を変更し、営業を許可し、その許可を取り消し、又はこれを制限するには、未成年後見監督人があるときは、その同意を得なければならない。

（未成年後見監督人の選任）
第八四九条　前条の規定により指定した未成年後見監督人がない場合において必要があると認めるときは、家庭裁判所は、未成年被後見人、その親族若しくは未成年後見人の請求により又は職権で、未成年後見監督人を選任することができる。未成年後見監督人の欠けた場合も、同様とする。

（成年後見監督人の選任）
第八四九条の二　家庭裁判所は、必要があると認めるときは、成年被後見人、その親族若しくは成年後見人の請求により又は職権で、成年後見監督人を選任することができる。

（委任及び後見人の規定の準用）
第八五二条　第六百四十四条、第六百五十四条、第六百五十五条、第八百四十三条第四項、第八百四十四条、第八百四十六条、第八百四十七条、第八百五十九条の二、第八百五十九条の三、第八百六十一条第二項及び第八百六十二条の規定は、後見監督人について準用する。

（未成年被後見人の身上の監護に関する権利義務）
第八五七条　未成年後見人は、第八百二十条から第八百二十三条までに規定する事項について、親権を行う者と同一の権利義務を有する。ただし、親権を行う者が定めた教育の方法及び居所を変更し、未成年被後見人を懲戒場に入れ、営業を許可し、その許可を取り消し、又はこれを制限するには、未成年後見監督人があるときは、その同意を得なければならない。

（未成年後見人が数人ある場合の権限の行使等）

第八五七条の二　未成年後見人が数人あるときは、共同してその権限を行使する。

2　未成年後見人が数人あるときは、家庭裁判所は、職権で、その一部の者について、財産に関する権限のみを行使すべきことを定めることができる。

3　未成年後見人が数人あるときは、家庭裁判所は、職権で、財産に関する権限について、各未成年後見人が単独で又は数人の未成年後見人が事務を分掌して、その権限を行使すべきことを定めることができる。

4　家庭裁判所は、職権で、前二項の規定による定めを取り消すことができる。

5　未成年後見人が数人あるときは、第三者の意思表示は、その一人に対してすれば足りる。

民法等の一部を改正する法律（平成二三年法律第六一号） 附則（抄）

（施行期日）

第一条　この法律は、公布の日（平成二十三年六月三日）から起算して一年を超えない範囲内において政令で定める日（以下「施行日」という。）から施行する。ただし、次の各号に掲げる規定は、当該各号に定める日から施行する。

一　第三条中児童福祉法第三十四条の十九の改正規定　公布の日

二　附則第二十二条の規定　施行日又は家畜伝染病予防法の一部を改正する法律（平成二十三年法律第十六号）の施行の日のいずれか遅い日

三　附則第四十八条中高齢者の居住の安定確保に関する法律（平成十三年法律第二十六号）第六条第一項第四号及び第二十六条第一項第二号イの改正規定　施行日又は高齢者の居住の安定確保に関する法律等の一部を改正する法律（平成二十三年法律第三十二号）の施行の日のいずれか遅い日

四　附則第五十七条の規定　施行日又は賃借人の居住の安定を確保するための家賃債務保証業の業務の適正化及び家賃等の取立て行為の規制等に関する法律（平成二十三年法律第　　号）の施行の日のいずれか遅い日

（民法の一部改正に伴う経過措置の原則）

第二条　第一条の規定による改正後の民法（次条において「新法」という。）の規定は、この法律の施行前に生じた事項にも適用する。ただし、第一条の規定による改正前の民法（次条において「旧法」という。）の規定により生じた効力を妨げない。

（親権及び管理権の喪失の宣告に関する経過措置）

第三条　旧法第八百三十四条の規定による親権の喪失の宣告は新法第八百三十四条本文の規定による親権喪失の審判と、当該親権の喪失の宣告を受けた父又は母は当該親権喪失の審判を受けた父又は母とみなす。

2　旧法第八百三十五条（破産法（平成十六年法律第七十五号）第六十一条第一項において準用する場合を含む。次項において同じ。）

の規定による管理権の喪失の宣告は新法第八百三十五条（破産法第六十一条第一項において準用する場合を含む。次項において同じ。）の規定による管理権喪失の審判と、当該管理権の喪失の宣告を受けた父又は母は当該管理権喪失の審判を受けた父又は母とみなす。

3　旧法第八百三十四条又は第八百三十五条の規定による親権又は管理権の喪失の宣告の請求（この法律の施行前に当該請求に係る審判が確定したものを除く。）は、新法第八百三十四条本文又は第八百三十五条の規定による親権喪失又は管理権喪失の審判の請求とみなす。

民事訴訟法及び民事保全法の一部を改正する法律（抄）

（平成二十三年五月二日、法律第三十六号）

○民事訴訟法（第一条関係）

改正	現行
第一編　総則 　第一章　（略） 　第二章　裁判所 　　第一節　日本の裁判所の管轄権（第三条の二―第三条の一二） 　　第二節　管轄（第四条―第二二条） 　　第三節　裁判所職員の除斥及び忌避（第二三条―第二七条）」 　第三章　（略） 　第四章　（略） 　第五章　（略） 　第六章　（略） 　第七章　（略） 第二編　（略） 第三編　（略） 第四編　（略） 第五編　（略） 第六編　（略） 第七編　（略） 第八編　（略） 附則	第一編　総則 　第一章　（略） 　第二章　裁判所 　　第一節　管轄（第四条―第二二条） 　　第二節　裁判所職員の除斥及び忌避（第二三条―第二七条） 　第三章　（略） 　第四章　（略） 　第五章　（略） 　第六章　（略） 　第七章　（略） 第二編　（略） 第三編　（略） 第四編　（略） 第五編　（略） 第六編　（略） 第七編　（略） 第八編　（略） 附則

第一節　日本の裁判所の管轄権

（被告の住所等による管轄権）

第三条の二　裁判所は、人に対する訴えについて、その住所が日本国内にあるとき、住所がない場合又は住所が知れない場合にはその居所が日本国内にあるとき、居所がない場合又は居所が知れない場合には訴えの提起前に日本国内に住所を有していたとき（日本国内に最後に住所を有していた後に外国に住所を有していたときを除く。）は、管轄権を有する。

2　裁判所は、大使、公使その他外国に在ってその国の裁判権からの免除を享有する日本人に対する訴えについて、前項の規定にかかわらず、管轄権を有する。

3　裁判所は、法人その他の社団又は財団に対する訴えについて、その主たる事務所又は営業所が日本国内にあるとき、事務所若しくは営業所がない場合又はその所在地が知れない場合には代表者その他の主たる業務担当者の住所が日本国内にあるときは、管轄権を有する。

（契約上の債務に関する訴え等の管轄権）

第三条の三　次の各号に掲げる訴えは、それぞれ当該各号に定めるときは、日本の裁判所に提起することができる。

一　契約上の債務の履行の請求を目的とする訴え又は契約上の債務に関して行われた事務管理若しくは生じた不当利得に係る請求、契約上の債務の不履行による損害賠償の請求その他契約上の債務に関する請求を目的とする訴え　契約において定められた当該債務の履行地が日本国内にあるとき、又は契約において選択された地の法によれば当該債務の履行地が日本国内にあるとき。

二　手形又は小切手による金　手形又は小切手の支払地が

銭の支払の請求を目的とする訴え	日本国内にあるとき。
三　財産権上の訴え	請求の目的が日本国内にあるとき、又は当該訴えが金銭の支払を請求するものである場合には差し押さえることができる被告の財産が日本国内にあるとき（その財産の価額が著しく低いときを除く。）。
四　事務所又は営業所を有する者に対する訴えでその事務所又は営業所における業務に関するもの	当該事務所又は営業所が日本国内にあるとき。
五　日本において事業を行う者（日本において取引を継続してする外国会社（会社法（平成十七年法律第八十六号）第二条第二号に規定する外国会社をいう。）を含む。）に対する訴え	当該訴えがその者の日本における業務に関するものであるとき。
六　船舶債権その他船舶を担保とする債権に基づく訴え	船舶が日本国内にあるとき。
七　会社その他の社団又は財団に関する訴えで次に掲げるもの イ　会社その他の社団からの社員若しくは社員であった者に対する訴え、社員からの社員若しくは社員であった者に対する	社団又は財団が法人である場合にはそれが日本の法令により設立されたものであるとき、法人でない場合にはその主たる事務所又は営業所が日本国内にあるとき。

訴え又は社員であった者からの社員に対する訴えで、社員としての資格に基づくもの ロ　社団又は財団からの役員又は役員であった者に対する訴えで役員としての資格に基づくもの ハ　会社からの発起人若しくは発起人であった者又は検査役若しくは検査役であった者に対する訴えで発起人又は検査役としての資格に基づくもの ニ　会社その他の社団の債権者からの社員又は社員であった者に対する訴えで社員としての資格に基づくもの	
八　不法行為に関する訴え	不法行為があった地が日本国内にあるとき（外国で行われた加害行為の結果が日本国内で発生した場合において、日本国内におけるその結果の発生が通常予見することのできないものであったときを除く。）。
九　船舶の衝突その他海上の事故に基づく損害賠償の訴え	損害を受けた船舶が最初に到達した地が日本国内にあるとき。

十　海難救助に関する訴え	海難救助があった地又は救助された船舶が最初に到達した地が日本国内にあるとき。
十一　不動産に関する訴え	不動産が日本国内にあるとき。
十二　相続権若しくは遺留分に関する訴え又は遺贈その他死亡によって効力を生ずべき行為に関する訴え	相続開始の時における被相続人の住所が日本国内にあるとき、住所がない場合又は住所が知れない場合には相続開始の時における被相続人の居所が日本国内にあるとき、居所がない場合又は居所が知れない場合には被相続人が相続開始の前に日本国内に住所を有していたとき（日本国内に最後に住所を有していた後に外国に住所を有していたときを除く。）。
十三　相続債権その他相続財産の負担に関する訴えで前号に掲げる訴えに該当しないもの	同号に定めるとき。

（消費者契約及び労働関係に関する訴えの管轄権）

第三条の四　消費者（個人（事業として又は事業のために契約の当事者となる場合におけるものを除く。）をいう。以下同じ。）と事業者（法人その他の社団又は財団及び事業として又は事業のために契約の当事者となる場合における個人をいう。以下同じ。）との間で締結される契約（労働契約を除く。以下「消費者契約」という。）に関する消費者からの事業者に対する訴えは、訴えの提起の時又は消費者契約の締結の時における消費者の住所が日本国内にあるときは、日本の裁判所に提起することができる。

2 労働契約の存否その他の労働関係に関する事項について個々の労働者と事業主との間に生じた民事に関する紛争（以下「個別労働関係民事紛争」という。）に関する労働者からの事業主に対する訴えは、個別労働関係民事紛争に係る労働契約における労務の提供の地（その地が定まっていない場合にあっては、労働者を雇い入れた事業所の所在地）が日本国内にあるときは、日本の裁判所に提起することができる。

3 消費者契約に関する事業者からの消費者に対する訴え及び個別労働関係民事紛争に関する事業主からの労働者に対する訴えについては、前条の規定は、適用しない。

（管轄権の専属）

第三条の五　会社法第七編第二章に規定する訴え（同章第四節及び第六節に規定するものを除く。）、一般社団法人及び一般財団法人に関する法律（平成十八年法律第四十八号）第六章第二節に規定する訴えその他これらの法令以外の日本の法令により設立された社団又は財団に関する訴えでこれらに準ずるものの管轄権は、日本の裁判所に専属する。

2 登記又は登録に関する訴えの管轄権は、登記又は登録をすべき地が日本国内にあるときは、日本の裁判所に専属する。

3 知的財産権（知的財産基本法（平成十四年法律第百二十二号）第二条第二項に規定する知的財産権をいう。）のうち設定の登録により発生するものの存否又は効力に関する訴えの管轄権は、その登録が日本においてされたものであるときは、日本の裁判所に専属する。

（併合請求における管轄権）
第三条の六　一の訴えで数個の請求をする場合において、日本の裁判所が一の請求について管轄権を有し、他の請求について管轄権を有しないときは、当該一の請求と他の請求との間に密接な関連があるときに限り、日本の裁判所にその訴えを提起することができる。ただし、数人からの又は数人に対する訴えについては、第三十八条前段に定める場合に限る。

（管轄権に関する合意）
第三条の七　当事者は、合意により、いずれの国の裁判所に訴えを提起することができるかについて定めることができる。
2　前項の合意は、一定の法律関係に基づく訴えに関し、かつ、書面でしなければ、その効力を生じない。
3　第一項の合意がその内容を記録した電磁的記録（電子的方式、磁気的方式その他人の知覚によっては認識することができない方式で作られる記録であって、電子計算機による情報処理の用に供されるものをいう。以下同じ。）によってされたときは、その合意は、書面によってされたものとみなして、前項の規定を適用する。
4　外国の裁判所にのみ訴えを提起することができる旨の合意は、その裁判所が法律上又は事実上裁判権を行うことができないときは、これを援用することができない。
5　将来において生ずる消費者契約に関する紛争を対象とする第一項の合意は、次に掲げる場合に限り、その効力を有する。
一　消費者契約の締結の時において消費者が住所を有していた

国の裁判所に訴えを提起することができる旨の合意（その国の裁判所にのみ訴えを提起することができる旨の合意については、次号に掲げる場合を除き、その国以外の国の裁判所にも訴えを提起することを妨げない旨の合意とみなす。）であるとき。

二　消費者が当該合意に基づき合意された国の裁判所に訴えを提起したとき、又は事業者が日本若しくは外国の裁判所に訴えを提起した場合において、消費者が当該合意を援用したとき。

6　将来において生ずる個別労働関係民事紛争を対象とする第一項の合意は、次に掲げる場合に限り、その効力を有する。

一　労働契約の終了の時にされた合意であって、その時における労務の提供の地がある国の裁判所に訴えを提起することができる旨を定めたもの（その国の裁判所にのみ訴えを提起することができる旨の合意については、次号に掲げる場合を除き、その国以外の国の裁判所にも訴えを提起することを妨げない旨の合意とみなす。）であるとき。

二　労働者が当該合意に基づき合意された国の裁判所に訴えを提起したとき、又は事業主が日本若しくは外国の裁判所に訴えを提起した場合において、労働者が当該合意を援用したとき。

（応訴による管轄権）

第三条の八　被告が日本の裁判所が管轄権を有しない旨の抗弁を提出しないで本案について弁論をし、又は弁論準備手続において申述をしたときは、裁判所は、管轄権を有する。

（特別の事情による訴えの却下）

第三条の九　裁判所は、訴えについて日本の裁判所が管轄権を有することとなる場合（日本の裁判所にのみ訴えを提起することができる旨の合意に基づき訴えが提起された場合を除く。）においても、事案の性質、応訴による被告の負担の程度、証拠の所在地その他の事情を考慮して、日本の裁判所が審理及び裁判をすることが当事者間の衡平を害し、又は適正かつ迅速な審理の実現を妨げることとなる特別の事情があると認めるときは、その訴えの全部又は一部を却下することができる。

（管轄権が専属する場合の適用除外）

第三条の一〇　第三条の二から第三条の四まで及び第三条の六から前条までの規定は、訴えについて法令に日本の裁判所の管轄権の専属に関する定めがある場合には、適用しない。

（職権証拠調べ）

第三条の一一　裁判所は、日本の裁判所の管轄権に関する事項について、職権で証拠調べをすることができる。

（管轄権の標準時）

第三条の一二　日本の裁判所の管轄権は、訴えの提起の時を標準として定める。

第二節　管轄

（財産権上の訴え等についての管轄）

第五条　次の各号に掲げる訴えは、それぞれ当該各号に定める地を管轄する裁判所に提起することができる。

一　（略）

第一節　管轄

（財産権上の訴え等についての管轄）

第五条　次の各号に掲げる訴えは、それぞれ当該各号に定める地を管轄する裁判所に提起することができる。

一　（略）

二　（略）
三　（略）
四　（略）
五　（略）
六　（略）
七　（略）
八　（略）
九　（略）
十　（略）
十一　（略）
十二　（略）
十三　（略）
十四　（略）
十五　相続債権その他相続財産の負担に関する訴えで前号に掲げる訴えに該当しないもの　同号に定める地

（管轄裁判所の特例）
第一〇条の二　前節の規定により日本の裁判所が管轄権を有する訴えについて、この法律の他の規定又は他の法令の規定により管轄裁判所が定まらないときは、その訴えは、最高裁判所規則で定める地を管轄する裁判所の管轄に属する。

（管轄の合意）
第一一条　（略）

二　（略）
三　（略）
四　（略）
五　（略）
六　（略）
七　（略）
八　（略）
九　（略）
十　（略）
十一　（略）
十二　（略）
十三　（略）
十四　（略）
十五　相続債権その他相続財産の負担に関する訴えで前号に掲げる訴えに該当しないもの　同号に定める地（相続財産の全部又は一部が同号に定める地を管轄する裁判所の管轄区域内にあるときに限る。）

（管轄の合意）
第一一条　（略）

2　（略）
3　第一項の合意がその内容を記録した電磁的記録によってされたときは、その合意は、書面によってされたものとみなして、前項の規定を適用する。

第三節　裁判所職員の除斥及び忌避

（中間確認の訴え）
第一四五条　（略）
2　（略）
3　日本の裁判所が管轄権の専属に関する規定により第一項の確認の請求について管轄権を有しないときは、当事者は、同項の確認の判決を求めることができない。
4　（略）

（反訴）
第一四六条　（略）
2　（略）
3　日本の裁判所が反訴の目的である請求について管轄権を有しない場合には、被告は、本訴の目的である請求又は防御の方法と密接に関連する請求を目的とする場合に限り、第一項の規定による反訴を提起することができる。ただし、日本の裁判所が管轄権の専属に関する規定により反訴の目的である請求について管轄権を有しないときは、この限りでない。
4　（略）

2　（略）
3　第一項の合意がその内容を記録した電磁的記録（電子的方式、磁気的方式その他人の知覚によっては認識することができない方式で作られる記録であって、電子計算機による情報処理の用に供されるものをいう。以下同じ。）によってされたときは、その合意は、書面によってされたものとみなして、前項の規定を適用する。

第二節　裁判所職員の除斥及び忌避

（中間確認の訴え）
第一四五条　（略）
2　（略）
3　（略）

（反訴）
第一四六条　（略）
2　（略）
3　（略）

（時効中断等の効力発生の時期）

第一四七条　時効の中断又は法律上の期間の遵守のために必要な裁判上の請求は、訴えを提起した時又は第百四十三条第二項（第百四十四条第三項及び第百四十五条第四項において準用する場合を含む。）の書面を裁判所に提出した時に、その効力を生ずる。

（上告の理由）

第三一二条　（略）

2　（略）

一　（略）

二　（略）

二の二　日本の裁判所の管轄権の専属に関する規定に違反したこと。

三　（略）

四　（略）

五　（略）

六　（略）

3　（略）

（時効中断等の効力発生の時期）

第一四七条　時効の中断又は法律上の期間の遵守のために必要な裁判上の請求は、訴えを提起した時又は第百四十三条第二項（第百四十四条第三項及び第百四十五条第三項において準用する場合を含む。）の書面を裁判所に提出した時に、その効力を生ずる。

（上告の理由）

第三一二条　（略）

2　（略）

一　（略）

二　（略）

三　（略）

四　（略）

五　（略）

六　（略）

3　（略）

民事訴訟法及び民事保全法の一部を改正する法律（平成二三年法律第三六号）附則（抄）

（施行期日）

第一条　この法律は、公布の日（平成二十三年五月二日）から起算して一年を超えない範囲内において政令で定める日から施行する。

（経過措置）

第二条　第一条の規定による改正後の民事訴訟法の規定（第三条の七を除く。）は、この法律の施行の際現に係属している訴訟の日本の裁判所の管轄権及び管轄に関しては、適用しない。

2　第一条の規定による改正後の民事訴訟法第三条の七の規定は、この法律の施行前にした特定の国の裁判所に訴えを提起することができる旨の合意については、適用しない。

3　第二条の規定による改正後の民事保全法第十一条の規定は、この法律の施行前にした申立てに係る保全命令事件については、適用しない。

非訟事件手続法及び家事事件手続法の施行に伴う関係法律の整備等に関する法律（抄）

（平成二十三年五月二十五日、法律第五十三号）

○弁理士法（第一三三条関係）

改正	現行
（検査役の選任） 第五二条の五　（略） 2　（略） 3　（略）	（検査役の選任） 第五二条の五　（略） 2　（略） 3　（略） 4　前項の規定による裁判に対しては、即時抗告をすることができる。
（合併の無効の訴え） 第五三条の三　会社法第八百二十八条第一項（第七号及び第八号に係る部分に限る。）及び第二項（第七号及び第八号に係る部分に限る。）、第八百三十四条（第七号及び第八号に係る部分に限る。）、第八百三十五条第一項、第八百三十六条第二項及び第三項、第八百三十七条から第八百三十九条まで、第八百四十三条（第一項第三号及び第四号並びに第二項ただし書を除く。）並びに第八百四十六条の規定は特許業務法人の合併の無効の訴えについて、同法第八百六十八条第五項、第八百七十条第二項（第五号に係る部分に限る。）、第八百七十条の二、第八百七十一条本文、第八百七十二条（第五号に係る部分に限る。）、第八百七十二条の二、第八百七十三条本文、第八百七十五条及び第八百七十六条の規定はこの条において準用する同法第八百四十三条第四項の申立てについて、それぞれ準用する。	（合併の無効の訴え） 第五三条の三　会社法第八百二十八条第一項（第七号及び第八号に係る部分に限る。）及び第二項（第七号及び第八号に係る部分に限る。）、第八百三十四条（第七号及び第八号に係る部分に限る。）、第八百三十五条第一項、第八百三十六条第二項及び第三項、第八百三十七条から第八百三十九条まで、第八百四十三条（第一項第三号及び第四号並びに第二項ただし書を除く。）並びに第八百四十六条の規定は特許業務法人の合併の無効の訴えについて、同法第八百六十八条第五項、第八百七十条（第十五号に係る部分に限る。）、第八百七十一条本文、第八百七十二条（第四号に係る部分に限る。）、第八百七十三条本文、第八百七十五条及び第八百七十六条の規定はこの条において準用する同法第八百四十三条第四項の申立てについて、それぞれ準用する。

（一般社団法人及び一般財団法人に関する法律及び会社法の準用等）

第五五条　（略）

2　会社法第六百四十四条（第三号を除く。）、第六百四十五条から第六百四十九条まで、第六百五十条第一項及び第二項、第六百五十一条第一項及び第二項（同法第五百九十四条の準用に係る部分を除く。）、第六百五十二条、第六百五十三条、第六百五十五条から第六百五十九条まで、第六百六十二条から第六百六十四条まで、第六百六十六条から第六百七十三条まで、第六百七十五条、第八百六十三条、第八百六十四条、第八百六十八条第一項、第八百六十九条、第八百七十条第一項（第一号及び第二号に係る部分に限る。）、第八百七十一条、第八百七十二条（第四号に係る部分に限る。）、第八百七十四条（第一号及び第四号に係る部分に限る。）、第八百七十五条並びに第八百七十六条の規定は、特許業務法人の解散及び清算について準用する。この場合において、同法第六百四十四条第一号中「第六百四十一条第五号」とあるのは「弁理士法第五十二条第一項第三号」と、同法第六百四十七条第三項中「第六百四十一条第四号又は第七号」とあるのは「弁理士法第五十二条第一項第五号若しくは第六号又は第二項」と、同法第六百五十八条第一項及び第六百六十九条中「法務省令」とあるのは「経済産業省令」と、同法第六百六十八条第一項及び第六百六十九条中「第六百四十一条第一号から第三号まで」とあるのは「弁理士法第五十二条第一項第一号又は第二号」と、同法第六百七十条第三項中「第九百三十九条第一項」とあるのは「弁理士法第五十三条の二第六項において準用する第九百三十九条第一項」と、同法第六百七十三条第一項中「第五百八十条」とあるのは「弁理士法第四十七条の四」と読み替えるものとする。

（一般社団法人及び一般財団法人に関する法律及び会社法の準用等）

第五五条　（略）

2　会社法第六百四十四条（第三号を除く。）、第六百四十五条から第六百四十九条まで、第六百五十条第一項及び第二項、第六百五十一条第一項及び第二項（同法第五百九十四条の準用に係る部分を除く。）、第六百五十二条、第六百五十三条、第六百五十五条から第六百五十九条まで、第六百六十二条から第六百六十四条まで、第六百六十六条から第六百七十三条まで、第六百七十五条、第八百六十三条、第八百六十四条、第八百六十八条第一項、第八百六十九条、第八百七十条（第二号及び第三号に係る部分に限る。）、第八百七十一条、第八百七十二条（第四号に係る部分に限る。）、第八百七十四条（第一号及び第四号に係る部分に限る。）、第八百七十五条並びに第八百七十六条の規定は、特許業務法人の解散及び清算について準用する。この場合において、同法第六百四十四条第一号中「第六百四十一条第五号」とあるのは「弁理士法第五十二条第一項第三号」と、同法第六百四十七条第三項中「第六百四十一条第四号又は第七号」とあるのは「弁理士法第五十二条第一項第五号若しくは第六号又は第二項」と、同法第六百五十八条第一項及び第六百六十九条中「法務省令」とあるのは「経済産業省令」と、同法第六百六十八条第一項及び第六百六十九条中「第六百四十一条第一号から第三号まで」とあるのは「弁理士法第五十二条第一項第一号又は第二号」と、同法第六百七十条第三項中「第九百三十九条第一項」とあるのは「弁理士法第五十三条の二第六項において準用する第九百三十九条第一項」と、同法第六百七十三条第一項中「第五百八十条」とあるのは「弁理士法第四十七条の四」と読み替えるものとする。

3　会社法第八百二十四条、第八百二十六条、第八百六十八条第一項、第八百七十条第一項（第十号に係る部分に限る。）、第八百七十一条本文、第八百七十二条（第四号に係る部分に限る。）、第八百七十三条本文、第八百七十五条、第八百七十六条、第九百四条及び第九百三十七条第一項（第三号ロに係る部分に限る。）の規定は特許業務法人の解散の命令について、同法第八百二十五条、第八百六十八条第一項、第八百七十条第一項（第一号に係る部分に限る。）、第八百七十一条、第八百七十二条（第一号及び第四号に係る部分に限る。）、第八百七十三条、第八百七十四条（第二号及び第三号に係る部分に限る。）、第八百七十五条、第八百七十六条、第九百五条及び第九百六条の規定はこの項において準用する同法第八百二十四条第一項の申立てがあった場合における特許業務法人の財産の保全について、それぞれ準用する。

4　（略）

5　（略）

6　（略）

3　会社法第八百二十四条、第八百二十六条、第八百六十八条第一項、第八百七十条（第十三号に係る部分に限る。）、第八百七十一条本文、第八百七十二条（第四号に係る部分に限る。）、第八百七十三条本文、第八百七十五条、第八百七十六条、第九百四条及び第九百三十七条第一項（第三号ロに係る部分に限る。）の規定は特許業務法人の解散の命令について、同法第八百二十五条、第八百六十八条第一項、第八百七十条（第二号に係る部分に限る。）、第八百七十一条、第八百七十二条（第一号及び第四号に係る部分に限る。）、第八百七十三条、第八百七十四条（第二号及び第三号に係る部分に限る。）、第八百七十五条、第八百七十六条、第九百五条及び第九百六条の規定はこの項において準用する同法第八百二十四条第一項の申立てがあった場合における特許業務法人の財産の保全について、それぞれ準用する。

4　（略）

5　（略）

6　（略）

非訟事件手続法及び家事事件手続法の施行に伴う関係法律の整備等に関する法律（平成二三年法律第五三号）附則（抄）

この法律は、新非訟事件手続法の施行の日〔公布の日（平成二十三年五月二五日）から起算して二年を超えない範囲内において政令で定める日〕から施行する。

情報処理の高度化等に対処するための刑法等の一部を改正する法律（抄）

（平成二十三年六月二十四日、法律第七十四号）

○不正アクセス行為の禁止等に関する法律（第六条関係）

改　正	現　行
（罰則） 第八条　次の各号のいずれかに該当する者は、一年以下の懲役又は五十万円以下の罰金に処する。 一　第三条第一項の規定に違反した者 二　第六条第三項の規定に違反した者 2　前項第一号の罪は、刑法（明治四十年法律第四十五号）第四条の二の例に従う。	（罰則） 第八条　次の各号の一に該当する者は、一年以下の懲役又は五十万円以下の罰金に処する。 一　第三条第一項の規定に違反した者 二　第六条第三項の規定に違反した者

〇不正競争防止法等の一部を改正する法律（平成一七年法律第七五号）（附則第三一条）

改正	現行
附　則 （施行期日） 第一条　この法律は、公布の日から起算して一年を超えない範囲内において政令で定める日から施行する。 第三条　削除	附　則 （施行期日） 第一条　この法律は、公布の日から起算して一年を超えない範囲内において政令で定める日から施行する。ただし、附則第三条、第十三条及び第十四条の規定は、犯罪の国際化及び組織化並びに情報処理の高度化に対処するための刑法等の一部を改正する法律（平成十七年法律第　　号）の施行の日又はこの法律の施行の日のいずれか遅い日から施行する。 （経過措置） 第三条　組織的な犯罪の処罰及び犯罪収益の規制等に関する法律（平成十一年法律第百三十六号。以下「組織的犯罪処罰法」という。）第九条第一項から第三項まで、第十条及び第十一条の規定は、この法律の施行前に財産上の不正な利益を得る目的で犯した第一条の規定による改正前の不正競争防止法第十四条第一項第一号から第六号の二まで若しくは第七号（同法第十一条第一項に係る部分を除く。）、第二条の規定による改正前の特許法第二百条の二第一項、第三条の規定による改正前の実用新案法第六十条の二第一項、第四条の規定による改正前の意匠法第七十三条の二第一項、第五条の規定による改正前の商標法第八十一条の二第一項、第六条の規定による改正前の著作権法第百二十二条の二又は附則第六条の規定による改正前の特許法等の一部を改正する法律（平成五年法律第二十六号）附則第四条

第四条　削除

（政令への委任）

第五条　附則第二条に定めるもののほか、この法律の施行に関し必要な経過措置は、政令で定める。

（平成五年旧実用新案法の一部改正）

第六条　特許法等の一部を改正する法律（平成五年法律第二十六

第一項の規定によりなおその効力を有するものとされた同法第三条の規定による改正前の実用新案法（附則第六条において「平成五年旧実用新案法」という。）第六十条の二第一項に掲げる罪の犯罪行為（日本国外でした行為であって、当該行為が日本国内において行われたとしたならばこれらの罪に当たり、かつ、当該行為地の法令により罪に当たるものを含む。）により生じ、若しくは当該犯罪行為により得た財産又は当該犯罪行為の報酬として得た財産に関してこの法律の施行後にした行為に対しても、適用する。この場合において、これらの財産は、組織的犯罪処罰法第二条第二項第一号の犯罪収益とみなす。

（同前）

第四条　犯罪の国際化及び組織化並びに情報処理の高度化に対処するための刑法等の一部を改正する法律の施行の日がこの法律の施行の日後である場合におけるこの法律の施行の日から犯罪の国際化及び組織化並びに情報処理の高度化に対処するための刑法等の一部を改正する法律の施行の日の前日までの間の組織的犯罪処罰法第二条第二項第三号の規定の適用については、同号中「第十一条第一項」とあるのは「第十八条第一項」と、「第十四条第一項第七号」とあるのは「第二十一条第一項第十一号」とする。

（政令への委任）

第五条　前三条に定めるもののほか、この法律の施行に関し必要な経過措置は、政令で定める。

（平成五年旧実用新案法の一部改正）

第六条　平成五年旧実用新案法の一部を次のように改正する。

号）附則第四条第一項の規定によりなおその効力を有するものとされた同法第三条の規定による改正前の実用新案法の一部を次のように改正する。

（略）

（略）

（組織的犯罪処罰法の一部改正）

第一三条　組織的犯罪処罰法の一部を次のように改正する。

第二条第二項第三号ロを次のように改める。

ロ　不正競争防止法（平成五年法律第四十七号）第二十一条第一項第十一号（外国公務員等に対する不正の利益の供与等）の罪（同法第十八条第一項の違反行為に係るものに限る。）

別表第二第十九号を次のように改める。

十九　削除

（犯罪の国際化及び組織化並びに情報処理の高度化に対処するための刑法等の一部を改正する法律の一部改正）

第一四条　犯罪の国際化及び組織化並びに情報処理の高度化に対処するための刑法等の一部を改正する法律の一部を次のように改正する。

附則第四条中「、別表第一第四号」を「又は別表第一第四号」に改め、「又は別表第二第十九号」を削る。

○意匠法等の一部を改正する法律（平成一八年法律第五五号）（附則第三六条）

改正	現行
附則	附則
（施行期日）	（施行期日）
第一条　この法律は、公布の日から起算して一年を超えない範囲内において政令で定める日〔平成一九年四月一日〕から施行する。ただし、次の各号に掲げる規定は、当該各号に定める日から施行する。	第一条　この法律は、公布の日から起算して一年を超えない範囲内において政令で定める日〔平成一九年四月一日〕から施行する。ただし、次の各号に掲げる規定は、当該各号に定める日から施行する。
一　（略）	一　（略）
二　（略）	二　（略）
	三　附則第十条及び第十五条の規定　犯罪の国際化及び組織化並びに情報処理の高度化に対処するための刑法等の一部を改正する法律（平成十八年法律第　　号）の施行の日又は前号に定める日（以下「一部施行日」という。）のいずれか遅い日
（意匠法の改正に伴う経過措置）	（意匠法の改正に伴う経過措置）
第二条　（略）	第二条　（略）
3　新意匠法第二条第三項、第三十八条、第四十四条の三及び第五十五条の規定は、前条第二号に定める日（以下「一部施行日」という。）以後にした行為について適用し、一部施行日前にした行為については、なお従前の例による。	3　新意匠法第二条第三項、第三十八条、第四十四条の三及び第五十五条の規定は、一部施行日以後にした行為について適用し、一部施行日前にした行為については、なお従前の例による。
	（組織的な犯罪の処罰及び犯罪収益の規制等に関する法律の適用に関する経過措置）
第九条　削除	第九条　犯罪の国際化及び組織化並びに情報処理の高度化に対処

第一〇条　削除

するための刑法等の一部を改正する法律の施行の日が一部施行日後となる場合には、同法の施行の日の前日までの間における組織的な犯罪の処罰及び犯罪収益の規制等に関する法律（平成十一年法律第百三十六号。以下「組織的犯罪処罰法」という。）第二条第二項第三号の規定の適用については、同号中「第十一条第一項」とあるのは「第十八条第一項」と、「第十四条第一項第七号」とあるのは「第二十一条第二項第六号」とする。

2　前項の場合において、犯罪の国際化及び組織化並びに情報処理の高度化に対処するための刑法等の一部を改正する法律の施行の日の前日までの間における組織的犯罪処罰法別表の規定の適用については、同表第三十六号中「第百九十六条」とあるのは「第百九十六条又は第百九十六条の二」と、同表第三十七号中「第七十八条」とあるのは「第七十八条又は第七十八条の二」とする。

3　第一項に規定する場合には、犯罪の国際化及び組織化並びに情報処理の高度化に対処するための刑法等の一部を改正する法律の施行の日の前日までの間は、不正競争防止法等の一部を改正する法律（平成十七年法律第七十五号）附則第四条の規定は、適用しない。

（施行前に犯した犯罪行為により生じた財産等に関する経過措置）

第一〇条　組織的犯罪処罰法第九条第一項から第三項まで、第十条及び第十一条の規定は、一部施行日前に財産上の不正な利益を得る目的で犯した第一条の規定による改正前の意匠法第六十九条の罪、第三条の規定による改正前の実用新案法第五十六条の罪、第五条の規定による改正前の不正競争防止法第二十一条第二項の罪又は附則第十二条の規定による改正前の特

（平成五年旧実用新案法の一部改正）

第一一二条　特許法等の一部を改正する法律（平成五年法律第二十六号）附則第四条第一項の規定によりなおその効力を有するものとされた同法第三条の規定による改正前の実用新案法（以下「平成五年旧実用新案法」という。）の一部を次のように改正する。

（略）

第一一五条　削除

許法等の一部を改正する法律（平成五年法律第二十六号）附則第四条第一項の規定によりなおその効力を有するものとされた同法第三条の規定による改正前の実用新案法（以下「平成五年旧実用新案法」という。）第五十六条第一項の罪の犯罪行為（日本国外でした行為であって、当該行為が日本国内において行われたとしたならばこれらの罪に当たり、かつ、当該行為地の法令により罪に当たるものを含む。）により生じ、若しくは当該犯罪行為により得た財産又は当該犯罪行為の報酬として得た財産に関して一部施行日後にした行為に対しても、適用する。この場合において、これらの財産は、組織的犯罪処罰法第二条第二項第一号の犯罪収益とみなす。

（平成五年旧実用新案法の一部改正）

第一一二条　平成五年旧実用新案法の一部を次のように改正する。

（略）

（組織的犯罪処罰法の一部改正）

第一一五条　組織的犯罪処罰法の一部を次のように改正する。

第二条第二項第三号ロ中「第二十一条第一項第十一号」を「第二十一条第二項第六号」に改める。

情報処理の高度化等に対処するための刑法等の一部を改正する法律（平成二三年法律第七四号） 附則（抄）

（施行期日）

第一条　この法律は、公布の日（平成二三年六月二十四日）から起算して二十日を経過した日から施行する。ただし、次の各号に掲げる規定は、当該各号に定める日から施行する。

一　（略）

二　第六条の規定　サイバー犯罪に関する条約が日本国について効力を生ずる日

三　（略）

四　（略）

五　附則第六十二条の規定　不正競争防止法の一部を改正する法律（平成二十三年法律第六十二号。同条及び附則第六十三条において「不正競争防止法一部改正法」という。）の公布の日（平成二三年六月八日）又は施行日のいずれか遅い日

（経過措置）

第七条　第六条の規定による改正後の不正アクセス行為の禁止等に関する法律第八条第二項の規定は、附則第一条第二号に掲げる規定の施行の日以後に日本国について効力を生ずる条約により日本国外において犯したときであっても罰すべきものとされている罪に限り、適用する。

第八条　施行日前にした行為に対する罰則の適用については、なお従前の例による。

（種苗法の一部を改正する法律の一部改正）

第五〇条　種苗法の一部を改正する法律（平成十九年法律第四十九号）の一部を次のように改正する。

附則第四条を次のように改める。

第四条　削除

（不正競争防止法一部改正法の一部改正）

第六二条　不正競争防止法一部改正法（平成二三年法律六二号）の一部を次のように改正する。

附則第二条中「「第十一条第一項」を「第十八条第一項」に、」を削り、「第十四条第一項第七号」を「第二十一条第二項第六号」に改める。

附則第四条及び第五条を削る。

（調整規定）

第六三条　不正競争防止法一部改正法の施行の日が施行日前となる場合には、第三条のうち組織的犯罪処罰法第二条第二項第三号の改正規定中「「第十一条第一項」を「第十八条第一項」に、「第十四条第一項第七号」を「第二十一条第二項第六号」に、「　、当該罪」を「　、当該罪」とし、附則第三十六条中次の表の上欄に掲げる字句は、同表の下欄に掲げる字句とする。

附則第十二条中「平成五年旧実用新案法」を「特許法等の一部を改正する法律（平成五年法律第二十六号）附則第四条第一項の規定によりなおその効力を有するものとされた同法第三条の規定による改正前の実用新案法（以下「平成五年旧実用新案法」という。）」に改める。 附則第十五条を次のように改める。 第十五条　削除	附則第十二条中「平成五年旧実用新案法」を「特許法等の一部を改正する法律（平成五年法律第二十六号）附則第四条第一項の規定によりなおその効力を有するものとされた同法第三条の規定による改正前の実用新案法（以下「平成五年旧実用新案法」という。）」に改める。

2　前項の場合において、前条の規定は、適用しない。

平成23年改正
特許法・不正競争防止法等新旧条文対照表

2011年（平成23年）8月25日　初　　版　発行

編　　集
発　　行　社団法人　発明協会

発　　行　社団法人　発明協会
東京都港区虎ノ門2−9−14
電話　東　京　03(3502)5433（編集）
東　京　03(3502)5491（販売）
Fax.　東　京　03(5512)7567（販売）

乱丁・落丁本はお取替えいたします。
印刷　株式会社丸井工文社
Printed in Japan
ISBN978-4-8271-1155-2　C3032